# PETITES IGNORANCES

## DE LA

# CONVERSATION.

PARIS. — IMPRIMERIE DE W. REMQUET ET Cie,

Rue Garancière, n. 5, derrière Saint-Sulpice.

# CHARLES ROZAN.

# PETITES IGNORANCES

## DE LA

## CONVERSATION

PARIS.

Ancien Comptoir
des Imprimeurs-Unis.

Librairie scientifique,
industrielle et agricole.

**LACROIX-COMON,**
quai Malaquais, 15.

1856

Un grand nombre de locutions proverbiales,
de dictons populaires et de phrases toutes
faites ont pris place dans notre langue, surtout dans la langue de la conversation, et, en
général, on serait fort en peine d'expliquer le
véritable sens des unes ou l'origine des autres.
On n'ignore pas que ces expressions sont
empruntées, soit à certains usages, soit à
l'histoire, soit à nos chefs-d'œuvre littéraires :
mais le plus souvent la trace est perdue, les

souvenirs sont effacés et les livres ne sont pas sous la main. — Ce sont ces locutions diverses que nous nous sommes proposé de réunir en recherchant, autant que possible, la source de chacune.

Nous n'avons fait ni science ni littérature ; nous nous sommes simplement mêlé à la conversation de tous, et relevant les mots qui tombaient sans être ni démasqués ni reconnus, nous leur avons demandé leur acte de naissance. Lorsqu'ils se sont refusés à le produire, ce qui est arrivé quelquefois, nous avons essayé, un peu témérairement peut-être, de leur en donner un. Quelquefois aussi nous avons discuté leurs titres avec les idées des autres, laissant au lecteur le soin d'apprécier où pouvaient être la vraisemblance et le bien trouvé.

Ceci n'est qu'un premier essai ; notre champ

de travail est vaste, et nous comptons l'explo-
rer encore. En cette matière plus qu'en toute
autre, le dernier mot n'est jamais dit.

# INDEX (*).



(*) *Voir* à la fin du volume la table alphabétique.

### ERRATUM.

Page 8, 4ᵉ ligne en remontant, supprimer le guillemet ( » ).

# PETITES IGNORANCES

### DE LA

# CONVERSATION

———◦◉◦———

**Dieu vous bénisse!** — Chez les anciens, l'éternument était un augure. On l'interprétait de diverses façons : favorable de midi à minuit, il était défavorable, au contraire, de minuit à midi; il était un signe de bonheur ou de malheur pour les autres, suivant qu'on éternuait à leur droite ou à leur gauche; mais quel qu'il fût, on le considérait toujours comme un signe sacré, et l'on saluait ceux qui éternuaient en disant : Que Jupiter te conserve ou t'assiste! C'est de là vraisemblablement que l'usage s'est introduit chez les chrétiens de dire à ceux qui éternuent : *Que Dieu vous bénisse!*

Quant à la raison pour laquelle l'éternument était un augure, on ne paraît pas l'avoir encore trouvée. Elle remonte sans doute bien haut dans l'histoire et se rattache à des idées universelles, car l'éternument a été partout l'objet d'une certaine attention. L'usage de faire des souhaits existe dans des pays qui ne l'ont pas à coup sûr reçu des Grecs et des Romains. S'il fallait en croire les Juifs, l'origine de ces souhaits remonterait à la création du monde : lorsque Adam fut chassé du Paradis, Dieu, à ce qu'ils prétendent, ordonna que l'homme n'éternuerait qu'à l'instant de sa mort, et les rois de la terre voulurent qu'on fît des vœux en faveur de ceux qui éternueraient [1].

Les Siamois expliquent la chose autrement. Il y a en enfer, disent-ils, des juges qui écrivent sur un grand livre tous les péchés des hommes. Leur chef est continuellement occupé à parcourir ce recueil, et les malheureux mortels dont il lit l'article ne manquent jamais d'éternuer au même instant. On comprend combien il est utile alors de souhaiter l'assistance divine à ceux qui éternuent.

Depuis que l'expression : *Dieu vous bénisse!* n'a plus de raison d'être un souhait, elle est devenue parmi nous une formule de politesse. Par

[1]. Les idées ont bien changé depuis : l'éternument aujourd'hui est considéré comme un signe de retour à la vie ; le vulgaire prétend qu'on met à la porte de l'hôpital celui qui a éternué trois fois.

une de ces bizarreries que rien n'explique, nous avons continué de faire des souhaits sur tous les tons et sous toutes les formes, comme si nous étions encore au bon temps où Pénélope fit éclater sa joie en entendant éternuer Télémaque. Des siècles se sont écoulés, les rhumes de cerveau se sont multipliés à l'infini, et cet usage a subsisté. Soyez bon ou méchant, honnête ou fripon, peu importe : si vous éternuez, *que Dieu vous bénisse!*

Cependant, il faut le dire, *Dieu vous bénisse!* et ses équivalents : *A vos souhaits; — Tout ce que votre cœur désire,* n'ont plus cours aujourd'hui dans les salons à la mode, et nous commençons à être très-loin du bon temps où Dorine disait de M. Tartuffe :

> Les bons morceaux de tout, il faut qu'on les lui cède ;
> Et s'il vient à roter, il lui dit : Dieu vous aide !

Ceux qui donnent le ton au milieu de notre société élégante paraissent avoir résolu de proscrire ces expressions devenues vulgaires ; mais pour ne pas jeter la perturbation dans les idées en supprimant trop brusquement une vieille coutume, ils ont décidé que, pour ménager la transition, on reviendrait au salut des anciens. Ce n'est donc plus un témoignage d'intérêt qu'on exige de nous, c'est une marque de respect. Nous n'ôtons pas notre chapeau, comme les soldats de Cyrus, mais nous nous inclinons avec déférence comme l'empereur Tibère.

On dit que le salut lui-même tend à disparaître, et que bientôt, dans tous les pays et dans toutes les classes, l'éternument passera inaperçu. Nous le regretterions vivement pour les pays où cet éternument est en honneur à la cour; pour le royaume de Sennaar, par exemple, où l'on a la charmante habitude, lorsque le roi éternue, de lui tourner le dos en se donnant une claque sur la cuisse droite; ou bien pour le Monomotapa où, d'après ce qu'on rapporte, l'éternument du roi est toujours suivi d'un vacarme épouvantable. Quand sa majesté a éternué, on ne lui dit pas : *Dieu vous bénisse !* mais tous les courtisans, par politesse, font un bruit à peu près pareil à l'explosion du nez royal ; ce bruit, que sont tenus de répéter ceux qui se trouvent dans les pièces voisines, se communique en un instant aux maisons environnantes et bientôt ainsi de proche en proche dans toute la ville.

**Il est du bois dont on fait les flûtes. —** C'est un homme sans caractère, qui se range aisément à l'opinion des autres et dont on fait ce que l'on veut. La comparaison vient sans doute de ce que le bois qui sert à fabriquer les flûtes est tendre et facile à travailler.

Il y avait autrefois à la Chambre plusieurs députés du nom de Dubois. L'un d'eux appartenait au parti conservateur et, dévoué à la chose publique de ce temps-là, son vote était toujours au service et aux ordres du ministère. Un journal de l'opposition, qui prenait quelquefois à partie ce député obéissant, ne manquait jamais de l'appeler *M. Dubois.... dont on fait les flûtes.* Mais M. Dubois, n'étant pas encore assez de ce bois-là pour supporter sans colère cette queue ironique ajoutée à son nom, demanda justice aux tribunaux. On reconnut sans peine qu'il y avait outrage et calomnie, et le journal fut condamné. A partir de ce moment, ce même journal ne parla pas moins de M. Dubois; seulement, pour rendre hommage à la chose jugée, il s'empressa de modifier sa première assertion et il écrivit : *M. Dubois.... dont on ne fait pas les flûtes.* Un renvoi placé au bas de la colonne indiquait au lecteur la date du jugement qui en avait ainsi décidé.

**Doctrinaires.** — Ce nom, qui, déjà aujourd'hui, n'appartient plus qu'à l'histoire, a servi à désigner, sous la Restauration et le gouvernement de Juillet, un parti politique qui comptait parmi ses membres MM. Royer-Collard, de Broglie, Ch. de Rémusat, Guizot, Jaubert, Duvergier de Hauranne et Cousin. Le parti doctrinaire qu'on n'a jamais défini, mais dont on a pu pendant longtemps constater l'influence, avait pour chef M. Royer-Collard. C'est à lui que se rattache la fameuse dénomination. — Après avoir passé les premières années de sa jeunesse dans un collége des Pères de la doctrine chrétienne, dont un de ses oncles était supérieur, il alla terminer ses études à Saint-Omer, dans un autre collége de doctrinaires où il enseigna pendant quelque temps les mathématiques. — En 1816, M. Royer-Collard prononçait à la Chambre un solennel discours, où il insistait, dans cette forme dogmatique qui caractérisait sa manière, sur les *véritables doctrines.* Un député de la majorité royaliste, faisant allusion aux écoles où M. Royer-Collard avait été élevé, s'écria : *Voilà bien les doctrinaires!* « Le mot fut jugé neuf, dit M. de Loménie, et il resta comme définition, sinon claire, du moins absolue, de la fraction politique dirigée par M. Royer-Collard.

« Expliquerons-nous maintenant l'origine de ce fameux *canapé de la doctrine,* qui éveille dans l'esprit des idées aussi vagues que *le divan de la Sublime Porte?* Qu'est-ce donc que le canapé? Voici l'histoire du canapé :

« On demandait un jour à M. le comte Beugnot, affilié aux doctrinaires, d'énumérer les forces de son parti. « Notre parti, répondit-il, tiendrait tout entier sur ce *canapé.* » Cet autre mot fit aussi fortune, et on le pressura si bien que le vulgaire en vint à se représenter le parti doctrinaire comme une agrégation de personnages semi-jésuites, semi-épicuriens, assis à la turque sur de moelleux coussins et devisant pédantesquement de la chose publique.

« Quant au sens politique du mot doctrinaire, nous déclarons en toute humilité ne le pas savoir. Il est de ceux que chacun traduit à sa guise. Aux yeux des uns, il signifie vertu et sagesse ; aux yeux des autres, corruption et folie : à nos yeux, il ne signifie rien du tout. »

N'est-ce pas M. Dupin qui a dit : Les doctrinaires ne pratiquent pas leurs maximes, ils maximent leurs pratiques ?

**Lanterne de Démosthènes.** — D'après le dictionnaire de M. Bescherelle, c'est un abus de dire : *Lanterne de Démosthènes*, et un abus plus grand encore de dire : *Lanterne de Diogène.* — Comment faire et à quoi s'arrêter ? car M. Bescherelle ne donne pas les raisons de ce double abus, et cependant il faut un nom au petit édifice qui domine les hauteurs du délicieux parc de Saint-Cloud.

La première dénomination est, croyons-nous, beaucoup moins abusive qu'on ne le prétend ; elle nous paraît même toute naturelle, et nous conseillons à nos lecteurs de l'adopter sans remords.

On voit à Athènes un petit monument en marbre que Lysicrate fit élever à ses frais pour placer au sommet le trépied de bronze que la tribu Acamantide venait de remporter pour prix du chant dans les fêtes de Bacchus, célébrées l'an 335 avant l'ère vulgaire. — « Enfin, dit Châteaubriand dans son *Itinéraire de Paris à Jérusalem*, nous allâmes au couvent français rendre à l'unique religieux qui l'occupe la visite qu'il m'avait faite. J'ai déjà dit que le couvent de nos missionnaires comprend, dans ses dépendances, le monument choragique de Lysicarte. Ce fut à ce dernier monument que j'achevai de payer mon tribut d'admiration aux ruines d'Athènes.

« Cette élégante production du génie des Grecs fut connue des premiers voyageurs sous le nom de *Fanari tou Demosthenis.* « Dans la maison qu'ont « achetée depuis peu les PP. capucins, dit le « jésuite Babin, en 1672, il y a une antiquité bien « remarquable, et qui, depuis le temps de Dé-« mosthènes, est demeurée en son entier : on l'ap-« pelle ordinairement *la Lanterne de Démos-« thènes.* »

« M. Fauvel, membre correspondant de l'Institut, a fidèlement moulé en plâtre ce monument, qui fut reproduit en terre cuite, avec beaucoup de bonheur, par les frères Trabuchi. —C'est cette copie qui se trouve sur l'obélisque du plateau de Saint-Cloud et qui fut placée là par l'ordre de Napoléon. — Le monument d'Athènes avait été surnommé par les antiquaires *Lanterne de Démosthènes*; la copie devait tout naturellement recevoir le même nom.

Quant à la dénomination *Lanterne de Diogène* appliquée par Dulaure et beaucoup d'autres au monument de Saint-Cloud, elle a été sans doute, de la part de ceux qui avaient conservé des souvenirs d'Athènes, le résultat d'une confusion; car il paraît qu'il a existé aussi à Athènes, jusqu'en 1669, un monument appelé *Lanterne de Diogène*. « Résumons maintenant en peu de mots l'histoire des monuments d'Athènes : le Parthénon, le temple de la Victoire, une grande partie du temple de Jupiter Olympien, un autre monument appelé par Guillet la *Lanterne de Diogène,* furent vus dans toute leur beauté par Zigomalas, Cabasilas et Deshayes.

« De Monceaux, le marquis de Nointel, Galland, le P. Babin, Spon et Wheler admirèrent encore le Parthénon dans son entier; mais la lanterne de Diogène avait disparu, et le temple de la Victoire avait sauté en l'air par l'explosion d'un magasin de poudre; il n'en restait plus que le fronton. » (Châteaubriand. Introduction de l'*Itinéraire de Paris à Jérusalem.*)

1.*

Il est bien probable aussi qu'on aura dit plus volontiers dans le peuple, *Lanterne de Diogène,* parce que la lanterne du cynique n'est pas moins populaire que son tonneau. Il s'agissait de lanterne, d'Athènes, d'un homme célèbre dans l'antiquité, cet homme ne pouvait être que le disciple d'Antisthènes. Tout le monde ne sait pas que *lanterne* est un terme d'architecture et qu'il a pu être employé sans métaphore pour désigner un monument.

**Moutons de Panurge.** — On appelle ainsi les gens qui font ce qu'ils voient faire, qui agissent sans motifs et uniquement par esprit d'imitation. Cette locution devenue proverbiale est une allusion au tour que Panurge joue à Dindenault dans le fameux roman de Rabelais. Pantagruel, Panurge et Epistemon viennent de rencontrer un bateau marchand. Pendant qu'on échange des nouvelles, Panurge se prend de querelle avec un marchand de moutons nommé Dindenault qui lui trouve une face de « coquu. » Panurge riposte à cette injure, le marchand veut dégaîner, mais l'humidité a rouillé son épée, il ne peut la tirer du fourreau. Panurge appelle Pantagruel à son secours. Celui-ci « mist la main à son bragmard fraischement esmoulu, et eust félonnement occis le marchant, » si les passagers ne fussent intervenus. — Le débat s'apaise,

on boit en signe de réconciliation. — Cependant,
Panurge médite une vengeance. Il dit à ses amis
de se tenir à l'écart et de le regarder faire; puis,
s'adressant au marchand, il le prie de lui vendre
un de ses moutons. Dindenault se moque de lui,
et l'accable de quolibets et d'injures. Panurge
prend patience, ce qu'il veut, c'est acheter un
mouton; il le payera aussi cher qu'il faudra. Enfin
le marché se conclut : Panurge paye, choisit le plus
beau mouton, et l'emporte criant et bêlant, pendant que tous les autres bêlant aussi regardent de
quel côté on emmène leur compagnon. « Souh-
dain, je ne sçay comment, le cas feut subit, je n'eus
loisir le considérer, Panurge, sans aultre chose
dire, jecte en pleine mer son mouton criant et bel-
lant. Tous les aultres moutons, crians et bellans en
pareille intonation commencearent soy jecter et
saulter en mer apres à la file. La foulle estoyt à qui
premier y saulteroyt apres leur compaignon. Possible n'estoit les en guarder. Comme vous savez
estre du mouton le naturel, toujours suyvre le premier, quelque part qu'il aille. Aussi le dict Aris-
toteles, *lib.* 9 *de Histor. anim.,* estre le plus sot
et inepte animal du monde. Le marchant, tout effrayé de ce que devant ses yeulz périr voyoit et
noyer ses moutons, s'efforceoit les empescher et retenir de tout son povoir, mais c'estoit en vain.
Touts à la file saultoient dedans la mer et péris-

soient. » (Rabelais. — *Pantagruel*, livre IV, chapitre VIII).

**Racine passera comme le café.** — On lit dans le *Cours de littérature* de La Harpe : « Les gens de lettres sont sujets à mal juger, par un intérêt qui va jusqu'à la passion : les gens du monde, d'abord, par une indifférence qui leur fait adopter légèrement l'avis qu'on leur donne, ensuite par un entêtement qui leur fait soutenir le parti qu'il ont embrassé. Voilà ce qui fait durer plus ou moins les préventions de société, source de tant d'injustices. De là celles de M^me de Sévigné envers Racine, dont elle a dit qu'*il passera comme le café.* » — M^me de Sévigné a-t-elle réellement fait cette comparaison ? Il est permis d'en douter. La phrase que semble citer La Harpe n'est point dans les *Lettres*, et si elle a été dite dans la conversation, nous aurions besoin de savoir au moins par qui elle a été entendue. Aucun de ses contemporains n'a parlé de cette opinion si singulièrement exprimée. C'est en plein XVIII^e siècle seulement qu'elle s'est accréditée, c'est de nos jours surtout qu'elle s'est répandue. La vérité est que M^me de Sévigné, qui tenait à ses *vieilles admirations* pour le père du théâtre, ne croyait pas beaucoup à l'avenir de Racine; elle ne croyait pas non plus à la durée de cette vogue qu'avait eue le café à son apparition en France. Elle avait écrit à sa fille : « Racine fait des comédies pour la Champmêlé : ce n'est pas pour les siècles à venir, » et quatre ans plus tard : « Vous voilà donc bien revenue du café ; M<sup>elle</sup> de Méré l'a aussi chassé ; après de telles disgrâces peut-on compter sur la fortune ? » — Il est donc incontestable que M<sup>me</sup> de Sévigné a exprimé sur Racine et sur le café des opinions auxquelles les siècles futurs devaient donner un démenti. Mais ce qui est beaucoup moins certain et ce qu'on est en droit de contester, c'est qu'elle ait jamais rapproché ces deux opinions. On peut, quand on a l'esprit et la délicatesse de M<sup>me</sup> de Sévigné, porter sur Racine un jugement erroné ou se méprendre sur l'avenir d'une liqueur dont le succès semble trop subit pour devoir être durable, mais on ne peut pas mettre en parallèle Racine et le café. — Non, le rapprochement appartient à Voltaire ; c'est lui qui, le premier, a mis les deux idées en présence, et c'est depuis lui qu'on s'est habitué à ne plus les séparer. « M<sup>me</sup> de Sévigné, la première personne de son siècle pour le style épistolaire, et surtout pour conter des bagatelles avec grâce, croit toujours que Racine *n'ira pas loin.* Elle en jugeait comme du café dont elle dit qu'*on se désabusera bientôt.* Il faut du temps pour que les réputations mûrissent. » (*Siècle de Louis XIV. — Des beaux-arts.*) — Voltaire se trouvait atteint dans deux de ses affections les plus chères : il admirait Racine, il adorait le café. On comprend qu'il ait été choqué de ces idées si fort en opposition avec ses goûts, et l'on s'explique que, peut-être sans malice, il ait réuni dans une même phrase tous ses griefs contre une personne à laquelle il rendait d'ailleurs pleine justice. Quant à la phrase même : *Racine passera comme le café* ou *on se dégoûtera de Racine comme du café*, elle a dû être faite par ceux qui, les premiers, ont voulu résumer en peu de mots la pensée de Voltaire. Le XVIII<sup>e</sup> siècle nous l'a transmise ainsi formulée, et nous l'avons répétée sans trop savoir d'où elle venait.

**Ne m'est-il pas échappé quelque sottise?** — Alarcon, auteur espagnol du *Menteur*, dit à la tête d'une de ses comédies, en guise de préface : « Canaille! si tu applaudis à mes pièces, tant pis ; alors, elles sont détestables. » — Bah! dira-t-on, dépit d'auteur sifflé. Je ne dis pas non. Il est possible cependant qu'il y ait là aussi un grain de cette conviction qui faisait écrire à d'Alembert un siècle plus tard : « Le public est un animal à longues oreilles, qui se rassasie de chardons, qui s'en dégoûte peu à peu, mais qui brait quand on veut les lui ôter de force ; ses opinions moutonnières et le respect qu'il veut qu'on leur porte me paraissent dire aux auteurs : Il se peut que je ne sois qu'un sot, mais je ne veux pas qu'on me le dise. » — Quoi qu'il en soit de cette opinion, que partageait si franchement Rivarol, il est bien certain qu'il est toujours sage, quand on s'adresse à la foule, de se tenir en garde contre les applaudissements des sots. — Phocion, qui avait été toujours seul de son avis, prouva qu'il était pénétré de cette vérité lorsque le jour où l'une de ses harangues au peuple fut applaudie et adoptée par tous, il se tourna vers ses amis et leur dit : *« Ne m'est-il pas échappé, par mégarde, quelque sottise ? »*

**Beauté du diable.** — Est-elle jolie ? — Oh ! vous savez, elle a la beauté du diable. — En prenant cette réponse à la lettre, on pourrait se faire une singulière idée de cette jeune fille qui aurait, pour toute beauté, sa ressemblance avec le diable. Il n'en est pas tout à fait ainsi : avoir la beauté du diable, c'est être jeune, c'est être à ce moment de la vie où les figures les plus irrégulières, les physionomies les plus insignifiantes ne sont pas absolument laides parce qu'elles sont jeunes. A elle seule, la jeunesse est une beauté ; c'est la fraîcheur, la vie rayonnante, c'est souvent aussi l'innocence, et quand un visage respire tous ces charmes de la nature et de l'âme, il ne peut pas être laid. Le diable, ce monstre que l'imagination nous représente sous un aspect si horrible, le diable lui-même n'était pas laid quand il était jeune. Ainsi, *beauté du diable* ne signifie pas laideur, mais jeunesse. « Une loi mystérieuse de la nature veut que la femme, même la moins belle, à un jour, à une heure de la jeunesse, illumine tout à coup son visage d'un charme qui la fait aimer : cette transfiguration fugitive, cette beauté d'un moment s'appelle la beauté du diable. » (Nestor Roqueplan.)

**OEufs de Pâques.** — Un usage qui a survécu à beaucoup d'autres, bien qu'il n'ait peut-être jamais été complétement général dans tous les pays de l'Europe, c'est celui d'échanger, à l'époque de Pâques, des œufs de toutes couleurs et de toutes dimensions. La signification de ces cadeaux étant à peu près oubliée, la coutume pourrait disparaître sans qu'il en résultât, dans nos mœurs, aucun trouble sensible ; mais l'industrie est là pour ne pas la laisser tomber, et, s'il en était besoin, pour la faire revivre. Chaque année, au mois de mars ou d'avril, l'imagination des confiseurs se met en frais pour raviver, par l'attrait du luxe et de la nouveauté, le goût des œufs de Pâques. Ces myriades d'œufs qui surgissent tout à coup dans nos élégants magasins de bonbonnerie ne peuvent manquer d'éveiller notre attention, et de faire à

notre devoir et à nos bourses un appel presque
toujours entendu. Il y en a de tous prix ainsi que
de toutes couleurs, et pour tous ceux qui ont le
bonheur de connaître des enfants ou des dames,
c'est encore une obligation aujourd'hui de payer
un tribut à la vieille coutume. — Avec le progrès,
les œufs sont devenus des boîtes, ils s'ouvrent, ils
peuvent contenir, à volonté, une poupée ou un
cachemire, et si les complications du jour de l'an
vous ont fait faire quelque maladresse, si, pendant
les trois mois qui se sont écoulés depuis le bienheureux jour de l'Epiphanie, vous êtes tombé en
disgrâce auprès d'un enfant ou de sa mère, vous
pouvez, un œuf aidant, réparer votre tort ou votre
oubli, et effacer le souvenir de vos fautes passées.
— Chez les pauvres on se donne de petits œufs en
sucre, ou même, si les moyens ne permettent pas
de sacrifier à l'agréable, on s'offre des œufs rouges
et on en fait une salade.

Ces cadeaux du printemps répondent à une idée
qui nous vient des Orientaux. Chez eux, l'œuf est
le symbole de l'état primitif du monde, de la création qui a développé le germe de toutes choses. Au
nouvel an, qui s'ouvre encore en Orient à l'équi-
noxe du printemps, on célèbre une fête analogue
à celle de notre jour de l'an. A cette époque du
renouvellement de la nature et de l'année, on
échange des présents et l'on s'envoie de toutes

parts des œufs peints et dorés, destinés à rappeler le commencement des choses. La même idée devait présider à ces sortes de cadeaux dans le temps où l'année commençait en France le jour de Pâques. Charles IX, en fixant le commencement de l'année au 1er janvier, a fait perdre aux œufs une partie de leur importance ; mais ils sont restés cependant pour célébrer, à défaut de l'année, le renouvellement de la nature. Autrefois, en France, comme encore aujourd'hui en Russie, les œufs de Pâques avaient un caractère religieux ; on ne les distribuait qu'après les avoir fait bénir solennellement le samedi saint : cette tradition est entièrement perdue parmi nous.

**Pont aux ânes.** — Une chose facile à faire, qu'il n'est pas permis d'ignorer ou dans laquelle tout le monde peut réussir, c'est le *pont aux ânes*. L'origine de cette locution se trouve dans une farce du XVe siècle. Un homme dont la compagne est indocile au joug, va consulter un grave docteur sur les moyens à employer pour soumettre la rebelle. A toutes ces questions, Saint-Jourd'hui (c'est le nom du docteur) répond par ce vers :

*Vade,* tenez le pont aux asnes.

Le mari ne s'explique pas d'abord le sens de ces paroles ; mais à la fin, voyant qu'il n'obtient point d'autre réponse, il va, suivant le conseil qu'il en a reçu, se poster sur le pont où passent d'ordinaire les ânes du village. Là, il voit un bûcheron qui frappe à tour de bras sur son âne pour le faire avancer. La lumière se fait aussitôt dans son esprit, il comprend la parabole du docteur et rentre chez lui pour la mettre à profit. Il demande à souper, on raisonne; il saisit un gourdin, et, sans rien vouloir entendre, il parle haut le langage du bûcheron. La femme crie, le mari frappe, et bientôt on lui promet de se soumettre à toutes ses volontés. Le moyen était bon, rien n'était plus simple que de le trouver : c'était *le pont aux ânes.*

**Tout est perdu fors l'honneur.** — Cette parole célèbre est du nombre de celles que les historiens ont arrangées pour produire plus d'effet et donner du relief aux citations. Lorsque les circonstances exigent ces accommodements, comme pour le mot énergique de Cambronne, auquel on a substitué une période académique, nous admettons qu'on transige avec la vérité; mais quand on peut, sans danger d'aucun genre, citer les mots tels qu'ils ont été dits, on ferait bien de les conserver intacts. La lettre que François Ier écrivit à sa mère après la défaite de Pavie ne commence pas, comme on l'a prétendu, par les mots : *Tout* *est perdu fors l'honneur*, mais on y trouve une phrase moins concise qui, quoi qu'en aient dit des historiens trop sévères, répond après tout à la même idée : « *Pour vous avertir comment se porte le ressort de mon infortune, de toutes choses ne m'est demouré que l'honneur et la vie qui est sauve.* »

Nous ne savons pas bien ce qu'a voulu dire M. Aimé Champollion-Figeac lorsqu'en citant ce vers de François I^er :

Le corp vaincu, le cueur reste vaincueur,

il a fait la remarque suivante : « On pourrait peut-être reconnaître dans ce vers l'origine du mot de François I^er après la bataille de Pavie : « Tout est « perdu fors l'honneur, » et qui depuis lui a été fort contesté. »

**Prendre sans vert.** — Nous avons conservé cette expression pour signifier : prendre au dépourvu. Elle nous a été transmise par un jeu de société qui consistait à porter toujours sur soi, au commencement de la belle saison, quelque feuille verte. *Je vous prends sans vert,* disait-on en abordant une personne au moment où elle ne s'y attendait pas, et si elle ne pouvait répliquer en montrant quelques feuilles de vert cueillies le jour même, elle payait une amende ou subissait une punition.

Ce jeu, qui était fort en usage du temps de La Fontaine, lui 'a donné l'idée d'une comédie assez médiocre intitulée : *Je vous prends sans vert.*

**Boire à tire la Rigault.** — Ceux qui écrivent cette expression comme l'Académie : *boire à tire-larigot,* pensent qu'elle a pour origine le *larigot,* espèce de flûte ou de petit flageolet qui n'est plus en usage, mais qui a donné son nom à un jeu d'orgue composé d'un grand nombre de petits tuyaux qui rendent un son très-aigre. Ils supposent que pour jouer du larigot, il fallait souffler très-fort et par conséquent boire beaucoup. Bien que cette hypothèse ait le mérite de nous rapprocher d'une comparaison consacrée aujourd'hui : *boire comme un musicien,* elle ne nous paraît guère admissible. — Nous serions plus volontiers disposé à croire avec Ménage que *larigot,* dans cette phrase, est une allusion aux longs verres en forme de flûtes dans lesquels on buvait autrefois, et qu'on a dit *boire à tire-larigot* comme on a dit depuis *boire à tire-flûte,* et comme on dit encore vulgairement *flûter.* — Cette explication vaudrait mieux à coup sûr que celle qui donne pour origine à *larigot* le mot larynx, et qui dit : boire à tire-larigot, c'est boire à tire-gosier.

L'orthographe que nous avons admise repose sur une histoire qui rappelle une comparaison non moins bien fondée que la première : *boire comme un sonneur.* — On raconte, et c'est d'un historien qu'on le tient, qu'au XIII^e siècle un archevêque de Rouen nommé Odon Rigault donna à cette ville une cloche d'une grosseur prodigieuse. Cette cloche, appelée la cloche Rigault et par abréviation *la Rigault,* ne pouvait être mise en mouvement sans de grands efforts. Les sonneurs qui la tiraient étaient naturellement d'autant plus altérés qu'ils avaient plus de peine, et l'on a été ainsi amené à regarder ceux qui buvaient beaucoup comme des gens qui auraient *tiré la Rigault*[1].

Aux personnes qui désireraient remonter beaucoup plus haut dans l'histoire, nous donnerons cette dernière version : Alaric, roi des Goths, fut défait en bataille rangée, auprès de Poitiers, par le roi Clovis. Les soldats, joyeux lorsqu'ils buvaient, se disaient les uns aux autres : *Je bé à ti, rei Alaric Goth.*

**Anneau de Polycrate.** — L'anneau de Polycrate est le symbole d'un bonheur qui fait peur. La félicité parfaite n'est pas de ce monde ; on le savait autrefois, on le sait mieux encore de nos

---

1. M. Génin a prouvé par des exemples qu'on disait autrefois : *Boire en tire la Rigault,* expression qui, en effet, semble plus exacte : boire en homme qui tire la Rigault, en vrai tire la Rigault.

jours, — et lorsqu'on rappelle à quelqu'un qui se
rejouit de son sort l'histoire de l'anneau de Polycrate, c'est pour lui dire : Prenez garde ! le destin
s'irrite d'un bonheur trop constant ; ces succès non
interrompus, cette joie sans mélange, ce ciel sans
nuage sera troublé brusquement par quelque coup
de foudre ; vous êtes trop heureux pour n'être pas
menacé.

On sait d'où vient cette allusion. L'île de Samos,
qui fut jadis la plus puissante des îles Ioniennes et
qui vit naître Pythagore, fut gouvernée cinq siècles
et demi avant J.-C. par un roi absolu qui s'était
emparé du pouvoir après avoir fait mourir ses deux
frères Pantagnote et Sylosonte, et qui a pris place
dans l'histoire sous le nom du tyran Polycrate.
Tout ce qu'il avait tenté pour soumettre et avilir
son peuple lui avait réussi. Non moins heureux
dans ses conquêtes, il s'était rendu maître de plusieurs îles de la mer Egée et même des villes de la
côte d'Asie. Enfin il était parvenu à faire fleurir le
commerce, les arts et les sciences, et jamais pros-
périté ne fut plus grande que celle des onze années
de sa domination. Le roi d'Egypte Omasys, son
ami et son allié, effrayé d'un pareil bonheur, lui
écrivit ces lignes : « Vos prospérités m'épouvan-
tent ; je souhaite à ceux que j'aime un mélange
de biens et de maux, car une divinité jalouse ne
souffre pas qu'un mortel, quel qu'il soit, jouisse

d'une félicité inaltérable. Ménagez-vous donc des peines et des revers pour les opposer aux faveurs constantes de la fortune. » — L'avis parut bon à Polycrate, et pour aller au-devant de la fortune adverse, il jeta dans la mer un anneau d'un très-grand prix. Mais le destin n'accepta pas ce sacrifice ; il lui renvoya son anneau dans le ventre d'un poisson qu'on lui servit quelques jours après. — Au lieu de conclure de cet événement que des épreuves plus cruelles lui étaient réservées, Polycrate pensa sans doute que le malheur ne voulait pas de lui, car il ne conçut aucune défiance lorsque Oraete, le gouverneur de Sardes, l'attira chez lui. Il s'était laisé séduire par la promesse que lui avait faite Oraete de lui donner une partie de ses trésors pour qu'il le soutînt dans une révolte contre le roi de Perse. — Lorsque Polycrate fut arrivé, on le fit mettre en croix.

Cet anneau de Polycrate vient, dit-on, d'être retrouvé par un vigneron d'Albano dans une plantation de vignes. Cette découverte a permis de donner sur l'anneau et sur son cachet des détails que les traditions historiques ne nous avaient pas transmis. C'est un anneau en or massif, qui enchâsse une émeraude, la pierre la plus rare et la plus estimée à une époque où le diamant n'était pas encore connu. Le cachet, gravé par Théodore de Samos, fils de Taliklès, statuaire célèbre de ce temps-là

(le même qui avait, dit-on, gravé le vase de Crésus),
est un travail d'une finesse et d'une beauté remarquables. Il est grand comme une pièce de cinq
francs et d'une forme un peu oblongue. Il représente une lyre autour de laquelle bourdonnent trois
abeilles. Au bas, à droite, est un dauphin, et à gauche une tête de bœuf. Au-dessous, se trouve une
inscription grecque qui indique le nom de l'artiste.
La surface de la pierre est légèrement concave, un
peu dépolie, et les arêtes de la ciselure sont écornées.

**Voilà justement ce qui fait que votre
fille est muette,** — dit Sganarelle à Géronte en
terminant cette longue dissertation dans laquelle il
lui explique savamment les raisons péremptoires
du mutisme de sa fille. Cette tirade est un curieux
entassement de mots empruntés à la médecine, à
la langue latine ou forgés comme au hasard ; elle
n'a pas plus de sens que Sganarelle n'a de savoir,
et, par conséquent, elle n'explique et ne prouve
rien. — Nous avons conservé cette conclusion de
Sganarelle pour caractériser plaisamment les rai-
sonnements qui déraisonnent, les discours alambi-
qués et savants en apparence qui n'aboutissent
pas. Grâce à Molière, on dispose ainsi d'un moyen
honnête de faire entendre à certains raisonneurs
qu'ils ne savent où ils vont. Au lieu de leur dire :
Vous raisonnez faux, mal, vous êtes illogiques,

inconséquents, ce que vous avancez ne prouve rien ou n'a pas trait à la question, — observations qui toutes sont un peu brutales, quelquefois dangereuses, on se contente d'ajouter à leur discours, comme une conséquence naturelle de ce qu'ils ont dit : *Voilà justement ce qui fait que votre fille est muette.* C'est beaucoup plus poli, plus gai surtout, puisque cela rappelle la charmante bouffonnerie du *Médecin malgré lui*, et à tous ces titres cela vaut infiniment mieux.

**Colin-Maillard.** — Les grammairiens ne veulent pas qu'on donne la marque du pluriel au mot *Colin-Maillard;* suivant eux, le sens s'y oppose : « C'est un jeu où *Colin* cherche, poursuit *Maillard* [1]. » Cette signification ne s'accorde pas avec l'origine que l'on attribue d'ordinaire à ce jeu. Jean-Colin-Maillard est un guerrier du pays de Liége qui fut fait chevalier par le roi Robert, en 999. Il doit son nom de *Maillard* à l'habitude

1. Si nous voulions discuter cette règle et sa raison, nous pourrions dire que s'il n'y a qu'un *Colin*, ce qui exclut toute idée de pluralité, il y a toujours plusieurs *Maillards ;* or, *Maillard* n'étant pas le nom propre des enfants que l'on cherche, rien ne semblerait s'opposer, dans l'hypothèse des grammairiens, à ce que ce mot prît la marque du pluriel. Mais nous n'avons pas qualité pour soulever cette grave question et nous la laissons aux Vaugelas futurs.

qu'il avait de s'armer toujours d'un maillet pour
le combat. Le maillet dont s'armèrent plus tard les
séditieux qui sont restés dans notre histoire sous
le nom de *maillotins* était destiné à désigner tous
ceux qui en feraient usage. Dans la dernière bataille qu'il livra au comte de Louvain, Jean-Colin
eut les yeux crevés, et il continua de combattre
guidé par ses écuyers. Si c'est à ce souvenir historique qu'il faut rapporter l'invention et la dénomination de ce jeu, le *Colin-Maillard*, c'est
l'enfant qui, les yeux bandés, cherche à saisir l'un
des autres enfants qui fuient à son approche. —
Cette origine ne laisserait pas subsister grand'chose
de l'explication qui admet qu'un individu nommé
*Colin* court après un autre nommé *Maillard*. Si,
en effet, *Colin-Maillard* doit être considéré comme
un mot invariable, la raison qu'on en a donnée
n'est pas la bonne.

**Les bergers du Lignon.** — On sait quel fut
le succès du roman où d'Urfé raconte, sous le
voile d'une fiction pastorale, ses aventures amoureuses avec Diane de Châteaumorand. Ce roman
chaste et passionné tout ensemble était un long
plaidoyer en faveur de la délicatesse, contre le
libertinage dans les relations des deux moitiés de
la société; il remettait en vigueur les théories de
l'amour chevaleresque, ce code d'honneur, d'élé-

vation et de désintéressement tout à fait dénaturé dans les *Amadis;* il était, par conséquent, une vive attaque contre les mœurs de l'époque, et par là autant que par ce ton maniéré et cette métaphysique sentimentale que l'hôtel Rambouillet devait mettre à la mode, il était destiné à un immense succès. L'apparition de chaque volume de l'*Astrée*, car ils furent publiés successivement, était un événement à la cour et à la ville, et dans toutes les sociétés on dissertait à perte de vue sur les aventures et les idées du livre nouveau. L'avocat Patru, l'un des plus ardents admirateurs de l'*Astrée*, fit tout exprès le voyage de Turin pour aller apprendre de l'auteur lui-même la clef de son roman. — L'enthousiasme était tel qu'on savait par cœur les plus beaux endroits de ce roman et qu'on y faisait de continuelles allusions dans la conversation [1]. Il s'était établi ainsi une sorte de vocabulaire allégorique dont il nous est resté *Céladon* et *les bergers du Lignon. Astrée* est la plus

---

1. « Dans la société de la famille du cardinal de Retz (madame Gueméné en était) on se divertissait entre autres choses à s'écrire des questions sur l'*Astrée*, et qui ne répondait pas bien payait pour chaque faute une paire de gants de frangipane. On envoyait sur un papier deux ou trois questions à une personne, comme, par exemple : à quelle main était Bonlieu, au sortir du pont de Bouteresse, et autres choses semblables, soit pour l'histoire, soit pour la géographie ; c'était le moyen de

belle, la plus aimable, la plus vertueuse, la plu
spirituelle des bergères, et *Céladon*, son amant,
est le plus beau, le plus brillant, le plus vertueux,
le plus spirituel des bergers. C'est pourquoi nous
disons encore d'un amoureux délicat, tendre et
fidèle, *c'est un Céladon.* Tallemant des Réaux raconte que Racan allait faire sa cour à mademoiselle
de Gournay en habit vert céladon, c'est-à-dire
vert tendre. — C'est dans les bois et les agrestes
prairies du Forez où serpentent *les eaux du
Lignon* que les héros et les héroïnes de l'Astrée
passent leur temps en honnêtes galanteries. Ces
héroïnes sont des bergères, mais point « de ces
bergères nécessiteuses qui, pour gagner leur vie,
conduisent leurs troupeaux au pâturage. » Elles
et leurs galants compagnons n'ont pris « cette
condition que pour vivre plus doucement et sans
contrainte. » Les personnages de cette troupe bu-
colique ont donc à la main une houlette peinte et
dorée ; leurs jupes sont de taffetas, leur panne-
tière est bien tournée, et parfois même elle est

---

savoir bien son Astrée. Il y eut tant de paires de gants de per-
dues de part et d'autre, que quand on vint à compter, car
on marquait soigneusement, il se trouva qu'on ne se devait quasi
rien. D'Ecquevilly prit un autre parti ; il alla lire l'Astrée chez
M. d'Urfé même, et à mesure qu'il avait lu, il se faisait mener
dans les lieux où chaque aventure était arrivée. » (Tallemant des
Réaux.)

faite de toile d'or et d'argent. En se rappelan[t]
toutes les rencontres compliquées qui ont eu lie[u]
sur les deux bords du Lignon, il est facile de s'ex[-]
pliquer comment on a été amené à caractériser le[s]
bergers élégants, musqués et beaux-esprits par le[s]
mots : *bergers du Lignon*.

**Battre la breloque.** — Selon nous, on n'a rie[n]
dit encore de concluant sur cette locution employé[e]
au figuré, c'est-à-dire pour signifier déraisonner[,]
dire des choses incohérentes ou dépourvues de sens[.]
— Voici l'explication de M. Bescherelle : « *Battr[e]
la breloque*, battre la caisse d'une manière rompue[.]
Le décousu de cette batterie impropre à la march[e]
a donné lieu au dicton populaire *battre la breloque*[,]
pour déraisonner. — M. Génin conclut aussi pa[r]
le tambour, mais pas de la même manière. Re[-]
cherchant d'abord l'origine du mot *breloque* pou[r]
rendre compte de la locution dans le sens propre[,]
le savant philologue pense que ce mot, qui sert de[]
comparaison pour des objets d'une valeur minime[,]
vient du latin *belluga*, petit fruit dont une gro[-]
seille noire peut donner une idée et qu'il appelle[]
*brimbelle*. — M. Génin a entendu un soldat dire[]
à son camarade : *Ah ! voilà qu'on bat la breloque !*
Il a été voir ; c'était une distribution de pain et
de viande. Une autre fois il avait entendu dire :
*battre la fricassée*. Rapprochant ces expressions

de *battre la diane, battre le rappel, battre la chamade,* etc., il a compris que « la breloque était ironiquement la portion donnée à chaque homme, comme des enfants de bon appétit diraient : Nous allons recevoir la brimbelle ou la becquée. »

Le sens propre ainsi éclairci, restait le sens figuré ; voici comment M. Génin y arrive : « Il n'est pas malaisé de concevoir comment cette expression a été transportée à ceux qui déraisonnent dans le délire de la fièvre ou autrement ; leurs paroles, bien qu'articulées, ne portent pas plus de son que le bruit d'un tambour. »

L'Académie n'a pas voulu *battre la breloque.* Elle a gardé sur cette expression un silence prudent. Pourquoi ? Nous n'en savons rien. Ce n'est pas qu'elle lui ait paru trop familière, car l'Académie se fait généralement un cas de conscience d'enregistrer toutes les locutions proverbiales, quelles qu'elles soient. Et puis, l'Académie n'a pas reculé devant *s'en battre l'œil,* expression plus que risquée dans la bonne compagnie : quand on *s'en bat l'œil,* on peut hardiment *battre la breloque.*

**Sybarite.** — Sybaris était une des plus grandes villes de l'Italie méridionale. Fondée sur le golfe de Tarente, par des peuples de la Locride, et agrandie par une colonie d'Achéens, elle était devenue si puissante qu'elle avait soumis vingt-cinq

villes voisines et qu'elle pouvait mettre sur pied 300,000 soldats. Mais toutes les gloires, toutes les antiques splendeurs de l'Italie ne sont plus aujourd'hui que des monceaux de cendres, et la ville de Sybaris serait tombée dans l'oubli comme tant d'autres, si elle ne s'était rendue célèbre par sa mollesse et sa corruption. Il n'est rien resté de cette grandeur passée que le souvenir de sa décadence. Les *Sybarites* étaient parvenus, il est vrai, à des raffinements peu ordinaires. On avait banni de la ville tous les métiers qui, par leur bruit, pouvaient troubler le repos des habitants. Le coq lui-même avait été chassé ; ces voluptueux de la nuit ne voulaient plus entendre la voix vigilante qui, dans les jours de labeur et de gloire, leur avait dit : Il fait jour ! — Brillat-Savarin, Grimod, Berchoux, et vous tous les classiques de la table, que pensez-vous des *Sybarites* qui, dit-on, faisaient leurs invitations à dîner un an d'avance pour avoir tout le loisir nécessaire de préparer un repas délicat ? —
« Je suis né à Sybaris où mon père Antilope était prêtre de Vénus. On ne met point dans cette ville de différence entre les voluptés et les besoins ;... on donne des prix aux dépens du public à ceux qui peuvent découvrir des voluptés nouvelles ; les citoyens ne se souviennent que des bouffons qui les ont divertis, et ont perdu la mémoire des magistrats qui les ont gouvernés... Les hommes sont

si efféminés, leur parure est si semblable à celle des femmes, ils composent si bien leur teint, ils se frisent avec tant d'art, ils emploient tant de temps à se corriger à leur miroir, qu'il semble qu'il n'y ait qu'un sexe dans toute la ville... Bien loin que la multiplicité des plaisirs donne aux Sybarites plus de délicatesse, ils ne peuvent plus distinguer un sentiment d'avec un sentiment. — Ils passent leur vie dans une joie purement extérieure ; ils quittent un plaisir qui leur déplaît pour un plaisir qui leur déplaira encore ; tout ce qu'ils imaginent est un nouveau sujet de dégoût. Leur âme, incapable de sentir les plaisirs, semble n'avoir de délicatesse que pour les peines : un citoyen fut fatigué toute une nuit d'une rose qui s'était repliée dans son lit. — La mollesse a tellement affaibli leurs corps qu'ils ne sauraient remuer les moindres fardeaux ; ils peuvent à peine se soutenir sur leurs pieds ; les voitures les plus douces les font évanouir ; lorsqu'ils sont dans les festins l'estomac leur manque à tous les instants ; ils passent leur vie sur des siéges renversés, sur lesquels ils sont obligés de se reposer tout le jour sans être fatigués ; ils sont brisés quand ils vont languir ailleurs. » (Montesquieu. — *Le Temple de Gnide.*)

Les hommes efféminés ou corrompus, que nous appelons, par comparaison, des *sybarites*, sont loin encore de leurs célèbres devanciers, et ils pourraient à la rigueur se tenir pour offensés.

*Sybaris* fut détruite par les Crotoniates dans le VIe siècle avant Jésus-Christ. Reconstruite par les Athéniens, un siècle plus tard, sous le nom de *Thurium*, elle tomba enfin au pouvoir des Romains qui la nommèrent *Copia*. C'est aujourd'hui une petite bourgade appelée *Torre Brodogneto*.

**Pipes d'écume de mer.** — Selon l'Académie, on appelle abusivement *écume de mer* une espèce de terre très-blanche, fine et onctueuse dont les Orientaux font des pipes à fumer. Puisque l'Académie, si sobre, si réservée d'ordinaire enregistre cet abus, c'est que l'abus est consacré. On peut donc très-bien dire, sans être un scélérat *une pipe d'écume de mer*. Mais comme il est bien évident que ce n'est pas avec la mousse de la mer agitée qu'on fabrique des pipes, il reste à savoir comment s'est formée cette locution singulière. L'argile [1] en question est d'une grande blancheur, elle a aussi une sorte de moelleux qui contribue

---

1. La magnésite, *écume de mer, magnésie hydro-silicatée*, est une substance blanche plus ou moins terreuse, assez tendre, dure au toucher, donnant de l'eau par la calcination, attaquable par les acides, difficilement fusible au chalumeau, en un émail blanc composé de silice, de magnésie, d'eau, etc. On la trouve en rognons ou en masses informes, compactes, mêlées avec des portions de silex, des argiles verdâtres, etc., dans le Piémont,

à lui donner une véritable ressemblance avec l'écume de la mer, et il ne serait pas impossible qu'on eût voulu, en adoptant l'expression *écume de mer*, faire une simple comparaison. — Ce n'est pas là, nous nous empressons de le dire, l'explication accréditée. On pense généralement que les pipes ont été appelées ainsi par corruption du nom de *Kummer*, leur inventeur. On ne connaissait ni la personne ni le nom de *Kummer*; partant, on ne se rendait pas compte de l'expression : *pipes de Kummer*, et pour lui donner un sens, on aura dit, en ne consultant que l'oreille, *pipes d'écume de mer*.

**Un Olibrius.** — Parmi les noms qui sont passés de l'histoire dans notre langue, il faut distinguer, entre les plus obscurs, celui d'*Olibrius*. C'est le nom qu'on donne, dans la conversation familière, à l'homme étourdi et sans valeur qui veut faire l'important. Quand on a dit : c'est un *olibrius*, on a résumé en un mot toute une série d'injures. Il suffit, pour s'en convaincre, de se

l'île de Négrepont, aux environs de Madrid, de Montpellier, de Saint-Ouen, de Montmartre, Crécy, etc.

Avec les variétés de magnésie homogènes, blanches ou jaunâtres, qui nous viennent de l'Asie-Mineure, on fabrique des pipes dites d'écume de mer, qui sont très-recherchées par les amateurs. ( François Foy. — *Dict. d'hist. natur.* )

rappeler qu'Olibrius était un sénateur romain qui fut proclamé empereur par surprise, en 472, et que son incapacité fit descendre du trône après un règne de trois mois.

**Je m'en lave les mains.** — Pour exprimer sans doute par une image visible, qu'on ne voulait pas prêter les mains à une mauvaise action, ou qu'on ne les avait point trempées dans le sang, — il était d'usage, chez les anciens, de se laver les mains en présence du peuple : on entendait montrer ainsi qu'elles étaient pures et qu'on était innocent.

« Pilate leur dit : Que ferai-je de Jésus qui est appelé Christ?

« Ils répondirent tous : Qu'il soit crucifié. Le gouverneur leur dit : Mais quel mal a-t-il fait? Et ils se mirent à crier encore plus fort en disant : Qu'il soit crucifié.

« Pilate, voyant qu'il ne gagnait rien, mais que le tumulte s'excitait toujours de plus en plus, se fit apporter de l'eau, et se lavant les mains devant le peuple, il leur dit : Je suis innocent du sang de ce juste; c'est à vous d'en répondre. » (Évangile selon saint Matthieu, ch. 27.)

C'est de cette ancienne coutume qu'est venue l'expression *je m'en lave les mains,* usitée dans le sens de : je n'y suis pour rien , je ne veux point m'en mêler, cela ne me regarde pas.

Femmes, si cette historiette
Irrite vos cœurs inhumains,
C'est un Espagnol qui l'a faite ;
Pour moi, je m'en lave les mains.

(Sénecé.)

**Adam. Ève.** — Un hébraïsant de nos amis nous a expliqué la signification de quelques noms bibliques ; ainsi, *Abraham* veut dire père ou force des nations ; — *Sara*, princesse, maîtresse ; — *Noé*, repos, loisir ; — *Isaac*, le rire, ou l'enfant des ris ; — *Benjamin*, fils de ma droite ; — *Rebecca*, patiente, complaisante ; — *Rachel*, brebis ; — *Debora*, abeille ; — *Jonas*, la colombe ; — *Zacharie*, mémoire de Dieu ; — *Malachie*, ange du Seigneur ; — *Isaïe*, salut de Dieu ; — *Jérémie*, élevé et glorifié par Dieu ; — *Ézéchiel*, force de Dieu ; — *Daniel*, jugement de Dieu ; — *Séraphins*, consumés par le feu ; — *Michel*, qui est semblable à Dieu ; — *Uriel*, Dieu est ma lumière ; — *Éliézer*, Dieu est mon appui ; — *Salomon*, pacifique ; — *Melchisédec*, roi juste ; — *Agar*, étrangère ; — *Lia*, laborieuse ; — *Thamar*, palme ; — *Ruth*, empressée ; — *Noémie*, ma belle ; — *Michée*, quel est celui-ci ? etc. Sans savoir un mot d'hébreu, nous connaissions déjà quelques-unes de ces significations ; nous savions surtout, avec le commun des mortels, que *Adam* veut dire tiré de la terre, et *Ève,* la vie, ou la source de la vie ; mais nous ne connaissions pas l'étymologie de ces deux noms d'après Le Brigant, et nous nous faisons un plaisir de la rapporter telle qu'elle a été citée dans le *Magasin pittoresque : Le Brigant,* l'un des celtomanes qui prétendent que le bas-breton était la langue primitive, la langue d'Adam, dit sérieusement que le premier homme, ayant failli s'étrangler avec le fruit défendu, s'était écrié : *à tam !* ( mot bas-breton signifiant quel morceau !) et que la première femme lui avait dit : *ev !* ( bois ! ). Le Brigant affirme que telle est l'origine de leurs noms.

**Y.** — Ceux qui ont remarqué les énormes Y qui ont longtemps décoré les carreaux de la plupart des boutiques de mercerie n'ont pas été sans se demander ce que ce caractère de l'alphabet pouvait avoir de plus particulièrement commun avec les rubans, le fil et les aiguilles. — Cette enseigne remonte au XVIIe siècle, et elle doit son origine aux grègues, sorte de hauts-de-chausses, de culottes à la grecque que l'on portait à cette époque.

Les grègues s'attachaient avec un nœud de ruban nommé un *lie-grègues ;* ce nœud a longtemps servi d'enseigne aux marchands qui le vendaient, c'est-à-dire aux merciers, qui ont eu l'ingénieuse idée d'y joindre cette inscription-calembour : *à l'Y.*

Ce calembour par à peu près nous rappelle le rébus d'un aubergiste allemand du quartier latin qui, voulant prendre l'enseigne : *à l'élève en droit,* avait fait peindre au-dessus de sa porte un *A,* un *l'* et un éléphant qui se tenait debout sur ses pieds de derrière. Pour ce brave Teuton, cela voulait dire : *A l'éléphant droit* (à l'élèfe en droit). — Nous pardonnerions aux merciers français s'ils avaient eu, comme notre Allemand, l'excuse de la prononciation.

L'*Y* est si familièrement établi depuis des siècles dans le monde de la mercerie qu'il est devenu un terme technique : il sert à désigner particulièrement les aiguilles courtes. Parlez d'aiguilles *y* à une dame

> Qui ne soit pas déshonorée
> De se voir une aiguille entre les doigts fourrée,

et vous pouvez être sûr d'être parfaitement entendu.

**Travailler pour le roi de Prusse.** — Ne sachant rien de précis sur l'origine de cette locution, nous la chercherons dans le champ libre des conjectures. Ce champ heureusement est circonscrit dans de certaines limites ; c'est depuis un siècle et demi que la Prusse est un royaume ; le proverbe ne peut pas remonter au delà. Quel est donc celui des cinq Frédéric de Prusse qui a fait mettre ainsi en doute sa royale générosité ? On a dit que c'était Frédéric-Guillaume Ier, constamment préoccupé de se montrer économe du bien de ses sujets, et très-différent en cela de son père qui était, selon l'expression de Frédéric II, grand dans les petites choses et petit dans les grandes. De ce que l'un ne dépensait point, et de ce que l'autre dépensait mal à propos, on pourrait également tirer une conclusion dans le sens de notre proverbe. Cependant, nous ne pensons pas qu'il soit besoin de remonter aussi haut, et nous inclinons à faire retomber sur le grand Frédéric lui-même toute la responsabilité du reproche français.

On a dit que le mot était de Voltaire. Rien ne nous autorise à l'affirmer, mais la supposition est vraisemblable. Il n'est pas impossible, en effet, qu'après sa grande brouille avec Frédéric, Voltaire ait eu la pensée d'exprimer qu'il avait perdu et son temps et sa peine en travaillant pour le roi de Prusse. On sait que dans son dépit contre celui qui avait été

Son patron, son disciple et son persécuteur,

Voltaire n'a pas toujours ménagé les gros mots. Quoi qu'il en soit, l'allusion a fait fortune, elle est devenue proverbe, et pour qu'elle se soit ainsi répandue dans le peuple et installée dans la langue, il faut qu'elle ait eu d'autres causes que les rancunes de Voltaire. — Frédéric II aimait beaucoup la France ; il a souvent occupé des ouvriers français ; il les a payés, nous n'en doutons pas, mais il est à peu près certain qu'il ne les a pas payés royalement. *Noblesse oblige* envers tout le monde quand on est roi, et surtout envers les petits. Le peuple français le sait à merveille : pour lui, un roi économe c'est un homme avare. — Travailler donc pour un roi qui paye comme un bourgeois, c'est travailler pour un bourgeois qui ne paye pas, en un mot, c'est *travailler pour le roi de Prusse.*

Que Frédéric le Grand fût avare, nous voulons dire économe, c'est un point assurément qu'on ne nous contestera pas. Son régime économique tenait le milieu entre celui de son aïeul et celui de son père ; il ménageait en toute occasion les deniers de l'État. Nous en trouvons un exemple dans ce conflit de morceaux de sucre et de bouts de chandelles qui s'éleva entre lui et Voltaire (très-économe aussi). Dans l'accord qu'il avait fait avec le poëte, Frédéric lui avait promis, outre la clef de chambellan et la croix du Mérite, les appointements ordinaires d'un ministre d'État, un appartement au château, la table, le chauffage, deux bougies par jour, et tant de livres de sucre, de thé, de café et de chocolat tous les mois. — Ces provisions furent fournies, comme on en avait pris l'engagement, mais il se trouva qu'elles étaient de mauvaise qualité. Voltaire se plaignit. Frédéric répondit que cela lui faisait une peine infinie et qu'il donnerait des ordres. Donna-t-il vraiment des ordres ? Il est permis d'en douter, car rien ne fut changé. Voltaire renouvela ses plaintes, et le roi se tira d'affaire d'une manière aussi habile qu'économique : « Il est affreux, dit-il, que l'on m'obéisse si mal. Mais vous savez les ordres que j'ai donnés ; que puis-je faire de plus ? Je ne ferai pas pendre ces canailles-là pour un morceau de sucre ou pour une pincée de mauvais thé ; ils le savent et se moquent de moi. Ce qui me fait le plus de peine, c'est de voir M. de Voltaire distrait de ses idées sublimes par de semblables misères. Ah ! n'employons pas à de si petites bagatelles les moments que nous pouvons donner aux muses et à l'amitié ! Allons, mon cher ami, vous pouvez vous passer de ces petites fournitures, elles vous occasionnent des soucis peu dignes de vous : eh bien ! n'en parlons plus ; je donnerai ordre qu'on les supprime. »

Qu'aurait-on fait de mieux dans une république ?

C'est ainsi que Frédéric savait tout concilier.

Là où d'autres auraient mis de l'argent, il mettait de l'esprit; il a souvent payé de cette monnaie-là. — Comme il faisait embellir d'une façade une église luthérienne de Berlin, les pasteurs lui représentèrent qu'ils n'y voyaient pas assez clair pour faire le service. Le bâtiment étant trop avancé, Sa Majesté philosophe écrivit sur leur mémoire : « *Bienheureux sont ceux qui croient et ne voient point.* » — Citons en terminant et comme dernier argument, cette remarque d'un voyageur anglais qui rend d'ailleurs pleine justice aux qualités éminentes du grand roi : « L'on n'a jamais vu un soldat gras dans aucun pays; mais le roi de Prusse n'a pas un sergent qui soit gras. Une connaissance profonde de l'économie des finances est un des points dans lesquels ce souverain excelle; c'est aussi une des raisons pour lesquelles ses troupes ne s'engraissent guère. »

**Jeter l'ancre sacrée.** — C'est recourir à ses dernières ressources.

Il y avait, chez les anciens, une ancre que l'on dédiait aux dieux et qu'on jetait dans les jours de grande détresse : c'était l'*ancre sacrée*.

Plus tard, chez les chrétiens, il y eut, à cet exemple, l'ancre bénite qu'on jetait aussi à l'heure du danger en se recommandant à Dieu : c'était l'ancre de miséricorde ou de salut,

Aujourd'hui cette ancre existe encore, mais elle a perdu beaucoup de son caractère religieux. On s'occupe moins de la faire bénir ou de prier en la jetant à la mer que de lui donner un poids et un volume considérables. L'industrie tend tous les jours à remplacer la Providence. Ce qui inspire de la confiance, c'est la force matérielle et palpable, et maintenant il n'y a plus d'*ancre sacrée* qu'au figuré.

**Mettre au violon.** — Autrefois on disait : *mettre au psaltérion.* Le *psaltérion* était aussi un instrument à cordes dont on jouait avec un archet ; mais ce n'est pas avec cette signification qu'il était employé dans l'expression qui nous occupe : *psaltérion* signifiait là *psautier.* « Mettre au *psaltérion*, c'était donc mettre au psautier, mettre en pénitence, en un lieu où l'on a le temps de méditer, et de se repentir, et de réciter *une sept-saumes*, sans risque de se voir interrompu...

« Le peuple, dans son humeur gauloise, profita de l'équivoque, et, voyant le psaltérion passé de mode, y substitua le violon, qui était devenu le roi des instruments. Au lieu de dire *mettre au psaltérion*, il dit *mettre au violon* et le calembour fut sauvé[1]. »

1. Génin. *Voir* son article. (*Illustration* du 9 avril 1853.

**Jeux Floraux.** — De l'institution de ces jeux date le premier encouragement public qui ait été donné à la poésie. Il y avait eu, jusqu'au XIV<sup>e</sup> siècle, des universités où l'on ergotait longuement et sophistiquement sur les subtilités de la philosophie et de la théologie scolastiques, mais il ne s'était formé encore aucune assemblée purement littéraire. C'est à la ville de Toulouse qu'était réservé cet honneur. Au beau temps des troubadours, et dans ces pays du Midi où la poésie romane a exercé tant d'influence sur le moyen âge, sept Toulousains se réunirent dans un jardin, aux portes de Toulouse, pour s'occuper de poésie. Ils convoquèrent à cette réunion, qu'ils appelèrent *la gaie société des sept troubadours,* tous les troubadours et trouvères des environs, et promirent une violette d'or à celui qui composerait les plus beaux vers.

La Société en s'organisant se donna des statuts, les *lois d'amour,* et prit le nom de *jeu d'amour ;* les sept juges fondateurs furent appelés *les mainteneurs de la gaie science.* Il y eut aussi des degrés comme dans l'université : ceux qui avaient obtenu un prix et subi un examen étaient reçus bacheliers ; à une seconde épreuve, ils devenaient *docteurs et maîtres dans le gai savoir.* — Quand la guerre chassa le *jeu d'amour* de ses jardins, il se réfugia dans l'hôtel de ville de Toulouse, et prit alors le nom plus grave de Collége de Rhétorique. — Cette

Société, qui datait de 1323, s'était accrue peu à peu, et en 1355 elle créait deux nouveaux prix : *l'églantine d'or* et *le souci d'argent.* — On sait l'importance que lui donna Clémence Isaure en lui léguant (vers 1484) des fonds considérables. — En 1694, Louis XIV érigea la Société en *Académie des Jeux Floraux*, et lui donna des règlements particuliers. Le nombre des *mainteneurs* fut porté à trente-cinq, et, quelques années après, à quarante.

Bien qu'elle fût un *jeu d'amour*, et qu'elle eût des docteurs en *la gaie science*, l'académie toulousaine n'admettait autrefois au concours que des pièces en l'honneur de Dieu, de la Vierge et des saints. Aujourd'hui, elle est moins exclusive ; cependant, pour conserver sans doute un souvenir de ses anciennes traditions, elle a réservé l'un de ses prix, le *lis d'argent*, pour un sonnet ou une hymne à la Vierge. Ce prix, il faut le dire, est le moins important. Le premier (de 450 fr.) est *l'églantine d'or*, pour le meilleur discours en prose, écrit sur un sujet proposé par l'académie ; le deuxième (de 400 fr.) *l'amaranthe d'or*, est décerné à l'ode ; *la violette d'argent* (de 250 fr.) au poëme, et le *souci d'argent* (de 200 fr.) à l'idylle ou à l'élégie. Le dernier prix (de 60 fr.) est le *lis d'argent.* — La distribution de ces prix, qu'on appelle la *fête des fleurs*, a lieu tous les ans le 3 mai. L'un des mainteneurs prononce, dans cette séance, l'éloge de Clémence Isaure.

Quand un lauréat, s'il est permis d'employer cette expression à propos d'églantines, de violettes et d'amaranthes, a obtenu trois fleurs à trois concours différents, et que l'une est le prix de l'ode ou du discours, il est déclaré *maître ès Jeux Floraux*.

**Il n'y a rien de changé en France, il n'y a qu'un Français de plus!** — M. de Lamartine, racontant l'entrée du comte d'Artois à Paris, en 1814, s'exprime ainsi : « Le comte d'Artois était l'objet de tous les regards et de tous les enthousiasmes. Ce prince montait avec grâce un cheval magnifique. Il conservait sous la maturité des années et sous les traces des longs exils cette beauté sereine de physionomie, cette fierté douce d'expression, cette élégance de taille et cette apparence de mâle jeunesse qui faisaient retrouver en lui l'idole de la cour et le modèle extérieur de l'aristocratie. Il avait tous les dons qui attirent l'œil et qui touchent le cœur d'une multitude. La restauration d'une royauté absente ne pouvait se produire sous des traits plus gracieux et plus imposants. Le nom de Bourbon, les tristesses de l'exil, les joies du retour, l'ombre de Louis XVI, son frère, l'entouraient d'un respect, d'un prestige et d'un attendrissement de souvenir qui courbaient toutes les têtes devant lui. Ses amis faisaient courir dans la foule un mot qu'il n'avait pas dit, mais qui était admirablement inventé pour lui ouvrir les cœurs et pour lui préparer les applaudissements : « Je revois mon pays, « je suis heureux. — Il n'y a rien de changé en « France, il n'y a qu'un Français de plus! »

Ainsi, ce mot qu'on a tant répété n'a pas même été dit. On s'est demandé à qui il devait être attribué, et quelques-uns ont désigné Talleyrand. Il avait fait beaucoup pour la Restauration et il était capable plus que tout autre d'avoir fait les mots heureux. D'autres ont affirmé qu'il était sorti du cerveau de M. de Vaulabelle, et ils ont étayé leur assertion de l'histoire suivante : « La veille de l'entrée du comte d'Artois à Paris, le 11 avril 1814, M. de Talleyrand avait retenu, après minuit, dans son salon, quelques intimes, entre autres le duc d'Albert, Pozzo di Borgo, et M. de Vaulabelle. Il s'agissait de donner les derniers ordres relatifs à l'événement du lendemain ; lorsque tout fut bien convenu et arrêté : A propos, dit M. de Talleyrand, que ferons-nous dire à *Monsieur?* Il faut de toute nécessité qu'il dise, — ou, ce qui revient au même, — qu'on lui prête un mot de circonstance, quelque chose de vif et de touchant, où l'on retrouve l'esprit du Français et le cœur de l'exilé...

« L'idée fut trouvée excellente ; mais le jour commençait à paraître, il fallait se hâter. On commit à M. de Vaulabelle l'honneur de faire parler le représentant de la maison de Bourbon, et, comme celui-ci n'y voulait pas consentir, de guerre lasse on le poussa au fond d'un cabinet, on l'y enferma en tête à tête avec deux flambeaux, du papier et de l'encre, et M. de Talleyrand lui déclara, à travers la cloison, qu'il ne recouvrerait la liberté qu'à la condition de trouver le *mot* de la situation[1]. » M. de Vaulabelle ayant produit une phrase au lieu d'un mot aurait été remis sous clef, et il serait sorti triomphant à la seconde épreuve avec le mot historique.

D'autres enfin, et c'est peut-être le plus grand nombre, font honneur de ce mot à M. le comte Beugnot, dont on connaît l'esprit fin et fécond en saillies[2]. On prétend qu'il racontait lui-même l'embarras dans lequel se trouvait le comité royaliste pour trouver un de ces mots que tout homme public doit prononcer dans les grandes circonstances,

---

1. H. de Villemessant.

2. On n'a pas oublié que lorsqu'il fut question de placer un christ au-dessus de la tribune de la Chambre des députés, M. le comte Beugnot mit fin à la discussion en proposant d'y joindre cette inscription : Mon Dieu, pardonnez-leur, ils ne savent pas ce qu'ils disent.

et qu'il ne faisait point de façon pour s'attribuer le mérite de la solution.

Depuis on a parodié le mot à propos de l'arrivée d'une girafe au Jardin-des-Plantes : « Il n'y a rien de changé en France, il n'y a qu'une bête de plus. »

**Nœud gordien.** — *Gordius* (c'est de ce nom que vient le mot *gordien*) était un laboureur de la Phrygie qui n'avait pour toute richesse que son chariot et ses bœufs. Quand les Phrygiens voulurent se donner un roi, ils consultèrent l'oracle, et l'oracle leur répondit de prendre le premier homme qu'ils verraient monté sur un char. Cet homme fut *Gordius.* Il donna son nom à la ville de *Gordium*, capitale de la Phrygie. Le char de *Gordius*, que Midas, son fils, consacra à Jupiter, est resté célèbre par le *nœud* qui attachait le joug au timon, et qui était si habilement enlacé qu'on ne pouvait en apercevoir les bouts. — Quand Alexandre, vainqueur de la Phrygie, se fut rendu maître de Gordium, il apprit qu'une ancienne tradition promettait l'empire de l'univers à celui qui dénouerait ce nœud. Aristobule prétend qu'il le délia avec la plus grande facilité après avoir ôté la cheville qui tenait le joug attaché au timon ; mais on croit plus généralement qu'il coupa ce *nœud* d'un coup d'épée.

Le *nœud gordien* est resté dans le langage pour

caractériser une difficulté qu'on ne peut résoudre, un obstacle qu'on ne peut vaincre. Se tirer d'embarras par un moyen expéditif et vigoureux, c'est *trancher le nœud gordien.*

> Ah ! c'est un grand malheur, quand on a le cœur tendre,
> Que ce lien de fer que la nature a mis
> Entre l'âme et le corps, ces frères ennemis !
> Ce qui m'étonne, moi, c'est que Dieu l'ait permis.
> Voilà le nœud gordien qu'il fallait qu'Alexandre
> Rompît de son épée et réduisît en cendre.
>
> (Alfred de Musset.)

**Malin comme un bossu. — Rire comme un bossu.** — Les bossus ont la réputation d'être gais et spirituels, et ils la justifient si bien d'ordinaire qu'un bossu maussade et stupide est devenu dans le monde un être impossible ; en fait d'esprit, la bosse oblige. Qu'un homme bien fait soit bête ou ennuyeux, rien de plus simple ; un bossu n'en a pas le droit. Les types les plus populaires de la gaîté française ont des bosses : Polichinelle et Mayeux. Dans le temps où nos rois avaient des fous, ces fous étaient bossus. — Mais pourquoi les bossus ont-ils le privilége de l'esprit ? A ceux qui prétendent que l'esprit est une compensation établie par la Providence, un dédommagement de la bosse, nous répondrons que les boiteux, les aveugles et bien d'autres infirmes-nés auxquels on n'accorde aucune faculté supérieure, avaient eux aussi des droits bien légitimes à une indemnité. Il nous semble plus simple de rattacher la question des bossus à celle de tous les êtres faibles et délicats qui, en général, sont mieux doués, sous le rapport de l'intelligence, que les êtres fortement constitués. C'est souvent aux dépens de la tête que le corps se développe. Les latins disaient : *in parvo corpore anima magna*, et le peuple français dit encore, pour exprimer la même idée, *dans les petits pots les bons onguents*. Là est notre point de départ : les hommes petits ont plus d'esprit que les grands, les maigres que les gras, les faibles que les forts, et par conséqnent les bossus, qui sont petits, minces et d'une constitution délicate, ont plus d'esprit que les hommes vigoureux et d'une santé florissante. — Notre intention n'étant pas de faire le procès à la force ni à la beauté, nous nous empressons d'ajouter que cette règle comporte, nous le savons, beaucoup d'exceptions. Il est bon nombre de corps épais qui renferment des esprits subtils, il y a aussi bien des bosses qui ne tiennent pas leurs promesses.

A côté des considérations puisées dans l'ordre naturel des choses, il est juste de placer, pour expliquer le genre de gaîté des bossus, la condition faite à la bosse dans notre société. On plaint les aveugles, les boiteux, les sourds, — on rit des bossus.

Menacés du ridicule, ces pauvres disgraciés ont senti de bonne heure le besoin de racheter aux yeux du monde les torts de la nature. Ne pouvant pas redresser leurs corps, ils ont aiguisé leur esprit. Et puis, ils étaient attaqués, ils devaient se défendre, et dans cet exercice ils ont gagné des forces. De là, ce sourire malicieux, ce ton sarcastique qui les caractérise : « Sans cesse en butte aux attaques du ridicule, ils ramassent l'arme qu'on leur lance et la renvoient aiguisée par une malice vengeresse. C'est dans ce triste exercice que leur œil se forme à saisir du premier coup le côté vulnérable de leur adversaire et à y décocher d'une main prompte et sûre un trait qui frappe juste et fort. C'est, en particulier, dans ce triste exercice que les bossus du bas peuple, ceux que rien ne protége et que rien ne contraint, contractent cet air d'ignoble malice, ce cynique sourire, ce regard disgracieux et jaloux, cet esprit caustique enfin, que le proverbe signale, sans ajouter ni faire entendre qu'il n'est que l'arme d'une légitime défense opposée à une agression basse et méchante. » (Topffer. — *Nouvelles génevoises.*)

En s'habituant à rire de ceux qui voulaient rire de lui, le bossu est devenu moqueur, sarcastique, méchant quelquefois, et il a appris, à la rude école de l'expérience, l'art de s'égayer aux dépens d'autrui. Aussi le proverbe *rire comme un bossu* ne devrait-il pas être entendu dans le sens de *rire à gorge déployée, à se désopiler la rate;* il signifie plutôt s'amuser malicieusement.

Le meilleur, selon nous, est de *rire comme des fous* et le plus souvent possible. Nous avons tous regretté un peu avec Rousseau l'âge où le rire est toujours sur les lèvres; tâchons d'y revenir quelquefois. « La plus perdue de toutes les journées, disait Chamfort, est celle où l'on n'a pas ri. » Il ne faut pas rire toujours, car la vie nous impose de grands devoirs et de graves pensées, mais il faut rire de bon cœur à l'occasion. La franche gaîté est un bon signe : elle révèle à elle seule plus de sentiments bons et honnêtes que bien des masques sévères. Ceux-là ne sont pas les moins sages qui savent être fous à propos.

**Poulet.** — Pourquoi ces billets, parfumés ou non, mais toujours galants ou toujours tendres, et quelquefois même spirituels, ont-ils reçu le nom de *poulets?*

A cette question posée depuis deux siècles, il a été diversement répondu.

Saumaise, et après lui Ménage et Dacier, ont résolu hardiment la difficulté avec le latin *polypticum,* mot qui signifiait, chez les anciens, une tablette de plusieurs feuillets. Mais des gens pointilleux ont trouvé qu'il n'y avait guère plus de rapports entre les deux mots qu'entre les deux choses, et ils ont demandé à Furetière une explication plus vraisemblable, dût-elle être moins savante. Furetière a répondu que les billets doux avaient été nommés *poulets*, parce qu'on y faisait, en les pliant, deux aîles semblables à celles des poulets. Mais les pigeons, les tourterelles et les colombes, qui semblent si bien faits pour intervenir dans les affaires amoureuses, n'ont pas compris pourquoi, dans cette hypothèse, on avait choisi pour objet de comparaison le très-peu poétique poulet, et le dernier mot n'a pas été dit.

La Monnoye est venu alors, et pour établir sur des bases plus solides les titres des poulets, il a dit que certains marchands, sous prétexte de porter des poulets à vendre dans les maisons, remettaient des billets doux aux femmes pour les suborner. Ces hommes étaient appelés des *porte-billets*. « Ceux qui se mêlaient autrefois de ce métier, dit le géographe Duval dans son *Voyage d'Italie*, portaient des poulets sous prétexte de les vendre, et mettaient un billet sous l'aile du plus gros[1], qui était un avertissement à la dame avec qui on était d'intelligence. Le premier qui fut découvert fut

---

1. C'est en souvenir sans doute du rôle principal que jouaient les gros poulets que les lettres galantes étaient appelées aussi *chapons.*

puni de l'estrapade avec deux poulets attachés aux pieds qui ne faisaient cependant que voltiger. »

M. Génin fait bien venir aussi le *poulet* et le *porte-poulet* de l'Italie, mais il pense que ces expressions doivent être entendues dans le sens propre et positif : selon lui, *portar polli, un porta pollastri*, c'est porter une volaille, celui qui porte une volaille. Il fonde cette opinion sur l'explication des auteurs du vocabulaire napolitain qui disent que l'expression *un porta pollastri* est née au village, où l'amour se fait avec les ressources des amoureux. « Un galant essaie de gagner le cœur de sa belle par l'envoi de quelque paire de pigeons ou de poulets gras. D'où est venu que ceux qui se chargeaient de ces messages ont été appelés *porta pollastri*. »

Malgré tout le respect que nous avons pour la science de M. Génin, nous avouerons que son explication ne nous satisfait pas. Si les poulets étaient employés au village comme moyen de séduction, c'était à titre de cadeaux, de générosités ; ces idées ne se rattachent nullement aux billets amoureux qui sont des déclarations et des rendez-vous, et les rapports sont trop éloignés pour que nous puissions trouver naturel que les volailles elles-mêmes aient conduit aux lettres d'amour, et qu'on ait appelé *porte-poulets* les porteurs de billets-doux. — Nous

nous réfugierons donc, en attendant mieux, sous l'aile du poulet de La Monnoye. ,

**La Samaritaine.** — Le Pont-Neuf a subi des transformations telles depuis le jour où Henri III en posa la première pierre, qu'il n'est peut-être pas inutile de rappeler ce qu'était cette Samaritaine dont l'histoire est liée si intimement à celle du Pont-Neuf, et dont le nom figure aujourd'hui, à titre de souvenir, sur un des établissements de bains de la Seine.

La *Samaritaine* était une machine hydraulique placée à la seconde arche du pont, du côté du quai de l'École, et destinée à fournir de l'eau aux palais du Louvre et des Tuileries. Sur la façade de cette pompe, on voyait un groupe de figures en bronze doré représentant le Christ assis au bord d'une fontaine et demandant à boire à la Samaritaine. C'est de là qu'est venu le nom. Construite vers 1607, par le Flamant Jean Lintlaer, la Samaritaine fut réparée en 1712. Les travaux de réparation qui durèrent trois années donnèrent lieu à des couplets dont voici un échantillon :

Arrêtez-vous ici, passants,
Regardez attentivement,
Vous verrez la Samaritaine
Assise au bord d'une fontaine :

Vous n'en savez pas la raison?
C'est pour laver son cotillon.

La Samaritaine fut entièrement reconstruite en 1772, et en 1813 elle se sépara pour toujours de son vieil ami le Pont-Neuf. — Si l'on en juge par l'impression que la Samaritaine faisait, à la fin du XVIIIe siècle, sur l'auteur du *Tableau de Paris* il était temps que cette construction disparût : « Petit, vilain bâtiment carré, adossé au Pont-Neuf, dressé sur pilotis, et qui rompt de toutes parts un superbe coup d'œil. Cette masure est un *gouvernement*.

« Le fameux *gouverneur* de ce *gouvernement* a dans toutes ses immenses parties la fonction de faire entretenir l'horloge, et l'horloge ne va point. Ce cadran, vu et interrogé par tant de passants, est des mois entiers sans marquer les heures. Le carillon est aussi défectueux que l'horloge ; il déraisonne publiquement : mais du moins on a le droit de s'en moquer.

« Il sonne dans toutes les cérémonies publiques, surtout quand le roi passe. Le roi peut entendre le morceau de musique qui réjouissait son trisaïeul ; et si la figure de Henri IV, qui est tout à côté, avait des oreilles, elle pourrait achever l'air.

« Vu la réputation dont la *Samaritaine* jouit dans toute l'Europe, on devrait bien moins négliger son carillon et son horloge, mais c'est un *gouvernement;* c'est tout dire: les clochettes n'y seront jamais d'accord.

« Quand fera-t-on disparaître ce monument sans goût, qui s'offre à l'œil avec le quai du Louvre et le quai des Théatins, qui gâte l'ensemble des deux rives, et qui ne sert qu'à élever l'eau pour quelques bassins qui n'en sont pas moins à sec les trois quarts de l'année? »

Dans le temps où le Pont-Neuf était le rendez-vous des saltimbanques, des charlatans, et de tout un monde d'artisans nomades qui s'y agitaient constamment [1], on disait proverbialement en parlant d'un filou: *C'est un frère de la Samaritaine.*

1.  Rendez-vous des charlatans,
    Des filous, des passe-volants ;
    Pont-Neuf, ordinaire théâtre
    Des vendeurs d'onguent et d'emplâtre,
    Séjour des arracheurs de dents,
    Des fripiers, libraires, pédants ;
    Des chanteurs de chansons nouvelles,
    D'entremetteurs de demoiselles,
    De coupe-bourse, d'argotiers,
    De maîtres de sales métiers,
    D'opérateurs et de chimiques,
    Et de médecins purgitiques,
    De fins joueurs de gobelets,
    De ceux qui rendent des poulets.

( Bertrand. )

**Vieux comme Hérode.** — Hérode est le nom d'une famille de rois qui régnèrent en Judée pendant plus d'un siècle. Le premier de ces rois est Hérode le Grand né l'an 72 avant J.-C. à Ascalon, et surnommé à cause de cela l'*Ascalonite*. C'est lui qui, après avoir fait périr sa femme et trois de ses fils, ordonna, lorsqu'il apprit la naissance du Christ, le carnage de tous les enfants de Bethléem qui avaient moins de deux ans. — Viennent ensuite *Hérode-Antipas*, tétrarque qui, à la demande d'Hérodiade, sa femme, fit périr saint Jean-Baptiste; — *Hérode-Philippe*, tétrarque de la Batanée, de la Trachonite et de la Gaulonite; — puis enfin *Hérode-Agrippa I*, fils d'Aristobule, et *Hérode-Agrippa II*, que Claude dépouilla du royaume de Judée.

*Hérode l'Ascalonite* était souvent appelé, par rapport à ses descendants, le *vieil Hérode*; c'est de là qu'est venue l'expression proverbiale : *vieux comme Hérode*, expression qui se dit plutôt des choses que des personnes.

On dit aussi *vieux comme Mathusalem*, mais alors ce n'est pas par les mêmes raisons et c'est toujours en parlant des personnes, car on rappelle par cette comparaison l'âge avancé dans lequel mourut ce patriarche. Né l'an 3317 avant J.-C., il devint père de Lameth à 187 ans, et continua de vivre jusqu'en 2348, l'année même du déluge; il avait par conséquent 969 ans.

**Aide-toi, le ciel t'aidera.** — Ce mot n'est pas dans la Bible comme semblent le croire certaines personnes qui l'attribuent sans hésiter au sage Salomon. Le ciel, pris pour Dieu même, pour la volonté divine, n'est pas un mot de l'Écriture ; c'est une métaphore moderne qui appartient à la littérature profane au moins autant qu'aux livres religieux. Ce ne sont donc ni les prophètes, ni Salomon, ni le sublime Auteur de l'*Imitation* qui ont dit: *Aide-toi, le ciel t'aidera.* Cette bonne et encourageante parole est de La Fontaine à qui nous devons tant de sages avis et d'utiles exemples. Relisez *le Charretier embourbé,* vous y verrez un pauvre homme qui, pour tirer son char de la boue, invoque l'assistance divine; vous entendrez une voix d'en haut qui l'exhorte à prendre la peine de casser les cailloux, de combler les ornières..... Le charretier, après quelques efforts, sortira triomphant de son mauvais chemin, et la morale sera, vous l'aurez senti d'avance, *Aide-toi, le ciel t'aidera.*

Il a été fait souvent allusion, avant La Fontaine, à la protection que Dieu accorde à ceux qui ne perdent point courage, mais alors ce n'est pas le mot *ciel* qui a été employé: « Après que tu auras le tout annoncé à ton roy, je ne dis pas, comme les

caphars, Ayde-toi, Dieu t'aydera ; car c'est au re-
bours, Ayde-toi, le diable te rompra le col ; mais
je te dis : Metz tout ton espoir en Dieu, et il ne te
délaissera point. ( Rabelais. — *Pentagruel.* )

Aydez-vous seulement, et Dieu vous aydera.
(Regnier.)

Le mot de La Fontaine correspond à cet ancien
proverbe qu'on trouve dans le *Trésor des sentences* de Gab. Meurier : *Dieu donne le bœuf et non
les cornes.*

*Aide-toi, le ciel t'aidera* est le nom d'une Société
politique qui s'était formée sous la Restauration, et
« dont le but était, dit M. de Loménie, de défendre par toutes les voies légales l'indépendance des
élections contre les influences du pouvoir. » Cette
Société, qui prit, dans les dernières années de la
Restauration, une attitude très-hostile au ministère
Polignac, prépara, en 1830, le refus de l'impôt.
Elle avait pour président M. Odilon Barrot, et
M. Guizot était au nombre de ses membres les plus
actifs.

**Bâtonnier de l'ordre des avocats.** — Ce
nom, que porte encore de nos jours le chef de l'ordre des avocats, doit son origine au bâton de la
bannière de saint Nicolas. En 1341, les avocats et

les procureurs avaient formé une confrérie sous l'invocation de saint Nicolas et de sainte Catherine. Dans les solennités de l'Église, le corps des avocats sortait bannière en tête. Après la cérémonie, le bâton de la confrérie était transporté avec pompe dans la demeure du chef de l'ordre auquel la garde en était confiée. C'est par suite de cet usage que ce chef qui, dans le principe, s'appelait seulement *doyen*[1], a été désigné, plus tard, vers le milieu du XVI<sup>e</sup> siècle, sous le nom de *bâtonnier*. — La bannière, les cérémonies publiques et le souvenir de saint Nicolas ont à peu près entièrement disparu, mais le mot *bâtonnier* nous est resté. Le barreau et la magistrature se sont toujours montrés fidèlement attachés à leurs traditions ; s'ils n'ont pas pu défendre en tout temps leurs droits et leurs usages contre les transformations de la société, ils ont religieusement conservé ces mots qui rappelaient leurs vieilles coutumes, et le style de palais

1. Autrefois le chef de l'ordre était le doyen d'âge. Le titre de bâtonnier semble correspondre avec l'époque où le chef fut choisi, par l'élection, entre tous les avocats et procureurs réunis. De 1810 à 1822, il fut désigné par le procureur-général parmi les membres du conseil de discipline ; ensuite, les membres eux-mêmes de ce conseil le choisirent entre eux, et c'est seulement en 1830 qu'une ordonnance datée du 27 août rendit à tous les avocats le droit de prendre part à l'élection du bâtonnier.

est encore rempli d'une quantité d'expressions bizarres et de tournures surannées qui lui ont valu le reproche formulé de nos jours par les mots: jargon judiciaire.

**Toast.** — De tous les mots que nous avons empruntés aux Anglais, *toast* est peut-être le plus répandu, le seul sur le sens et la prononciation duquel on ne se méprenne point. Il n'en est pas de même de beaucoup d'autres mots que la *fashion* a introduits dans le langage à la mode. L'exemple, cité par M^me dê Girardin, de cette dame qui demande à quelqu'un s'il a été *aux sept petites chaises (au steeple chase)* est peut-être bien un peu fort, mais il y en a un certain nombre de la même famille. — Rien de semblable pour le mot *toast;* l'habitude est si bien prise de ne pas prononcer la lettre *a*, qu'on a déjà commencé à lui donner une forme tout à fait française : *toste.*

Le mot anglais *toast* signifie *rôtie de pain.* Autrefois, pour porter la santé des dames, on mettait une rôtie dans les pots de bière, et cette rôtie restait à celui qui buvait le dernier. C'est de là, assuret-on, que viennent le nom et l'usage des *toast.* — A l'appui de cette origine, on raconte l'anecdote suivante: Anne de Boulen prenait un bain; pour rendre hommage à sa rare beauté, les seigneurs de sa suite burent chacun un verre d'eau qu'ils avaient puisé dans la baignoire. Un seul ne le fit pas; à ceux qui lui en demandèrent la raison, il répondit : Je me réserve le toast.

On pense aussi que le mot anglais pourrait bien venir de l'ancien verbe français *toster* qui signifiait choquer.

**Passer le Rubicon.** — Ce mot, qui est devenu proverbe dans le sens de s'engager d'une manière irrévocable par une démarche hasardeuse, est une allusion à la révolte de César contre le sénat romain. — Le Rubicon séparait l'Italie de la Gaule Cisalpine. Le sénat, pour assurer Rome contre les troupes de la Gaule, avait rendu le célèbre sénatus-consulte qui dévouait aux dieux infernaux et déclarait sacrilége et parricide quiconque, avec une légion ou même une cohorte, passerait le Rubicon. Quand le sénat eut refusé à César le consulat et la continuation de ses gouvernements, celui-ci, qui n'attendait qu'un prétexte pour renverser Pompée, résolut de franchir les limites de son gouvernement et de marcher sur Rome. Cependant, lorsqu'il fut sur les bords du Rubicon, il fut frappé des réflexions que lui inspirait l'approche du danger, et qui lui montraient de plus près l'audace de son entreprise. Il en conféra longtemps avec ceux de ses amis qui l'accompagnaient. « Il est encore temps de retourner sur nos pas, leur dit-il, une fois ce faible pont franchi, c'est le fer qui décidera tout. » — Il hésitait, dit Suétone, un prodige le détermina. Un homme d'une taille et d'une beauté remarquables apparut tout à coup, assis à peu de distance et jouant du chalumeau. Des bergers et quelques soldats des postes voisins, parmi lesquels il y avait des trompettes, accoururent pour l'entendre. Il saisit l'instrument d'un de ces derniers, s'élança vers le fleuve, et, tirant d'énergiques accents de cette trompette guerrière, il se dirigea vers l'autre rive. — « Allons, dit-il alors, allons où nous appellent la voix des Dieux et l'injustice de nos ennemis : *le sort en est jeté !* »

Le fameux *alea jacta est !* qu'on a répété tant de fois depuis César, n'est pas le seul mot que nous ait laissé ce grand homme. Quand Pompéia fut soupçonnée d'un commerce adultère avec Publius Clodius, César la répudia, et lorsqu'il fut appelé en témoignage contre l'accusé, il déclara n'avoir aucune connaissance des faits qu'on lui imputait. Pourquoi donc avez-vous répudié votre femme ? « *Parce que,* répondit-il, *la femme de César ne doit pas même être soupçonnée.* » — On n'a pas oublié non plus cette barque sur laquelle César, déguisé en esclave, était parti d'Apollonie pour aller rejoindre plus promptement ses troupes à Brundusium. La barque descendait le fleuve

Anius qui la portait vers la mer. Tout à coup, un vent violent s'élève, et les vagues, poussées avec furie, luttent contre le courant. Le pilote désespérant de maîtriser les flots, ordonne à ses matelots de remonter le fleuve. César, qui entend donner cet ordre, se fait connaître et dit au pilote en lui prenant la main : « Mon ami, continue ta route, et risque tout sans rien craindre, *tu portes César et sa fortune.* » — Enfin, on cite encore tous les jours ces trois mots fameux *veni, vidi, vici,* que César écrivit à Amintius, un de ses amis de Rome, pour lui exprimer la rapidité de sa victoire dans le royaume de Pont.

**Le quart d'heure de Rabelais.** — Cette manière de caractériser le moment toujours désagréable et quelquefois embarrassant où il faut délier les cordons de la bourse, a pour origine une anecdote que tout le monde répète sans la garantir, et que le bibliophile Jacob raconte ainsi : « Rabelais, après être resté à peine six mois à Rome, où il eut encore le temps d'apprendre l'arabe, que lui enseigna un évêque de Céramith, fut rappelé en France *clarâ principis patriæque voce,* dit-il. Peut-être allait-il porter au roi quelque communication importante de l'ambassadeur. On raconte qu'en arrivant à Lyon, il fut forcé de s'arrêter dans une hôtellerie, faute d'argent pour continuer sa route, et comme il ne voulait pas se faire connaître, de peur de compromettre le secret de sa mission, il imagina un singulier stratagème pour sortir de cet embarras, qui est passé en proverbe sous le nom de *quart d'heure de Rabelais*. Il s'était déguisé de manière à n'être reconnu de personne, et il fit avertir les principaux médecins de la ville qu'un docteur de distinction, au retour de longs voyages, souhaitait leur faire part de ses observations : la curiosité lui amena un nombreux auditoire, devant lequel il se présenta vêtu singulièrement, et parla longtemps, en contrefaisant sa voix, sur les questions les plus ardues de la médecine. On l'écoutait avec stupéfaction. Tout à coup il se recueille, prend un air mystérieux, ferme lui-même toutes les portes, et annonce aux assistans qu'il va leur révéler son secret. L'attention redouble : « Voici, leur dit-il, un poison très-subtil (*boucon*) que je suis allé chercher en Italie pour vous délivrer du roi et de ses enfants. Oui, je le destine à ce tyran qui boit le sang du peuple et qui dévore la France. » A ces mots, on se regarde en silence, on se lève, on se retire. Rabelais est abandonné de tous. Puis, peu d'instants après, les magistrats de la ville font cerner l'hôtellerie, on se saisit du prétendu empoisonneur, on l'enferme dans une litière et on l'emmène à Paris sous bonne escorte. Pendant le

chemin, il est hébergé aux frais de la ville ; on le
raite même *magnifiquement* comme un prisonnier
le distinction ; il arrive enfin à sa destination, frais
et dispos. François I$^{er}$ est prévenu de l'arrestation
d'un grand criminel ; il veut le voir ; on conduit
levant lui Rabelais qui a repris son visage et sa
voix ordinaires. François I$^{er}$ sourit en l'apercevant.
« C'est bien fait à vous, dit-il en se tournant vers les
notables de Lyon qui avaient suivi leur capture, ce
n'est une preuve que vous n'avez pas peu de solli-
citude pour la conservation de notre vie ; mais je
n'avais jamais soupçonné d'une méchante entreprise
le bonhomme Rabelais. » Là-dessus, il congédie très-
gracieusement les Lyonnais confondus, et retient à
souper Rabelais, qui but largement à la santé du
roi et à la bonne ville de Lyon. »

**Gros-Jean qui veut en remontrer à son
curé.** — *Gros*, ici, voulant dire épais, grossier,
*Gros-Jean* représente un Jean qui n'est pas main. C'est donc, dans ce proverbe, un homme
simple qui veut en remontrer à un homme d'esprit, un ignorant qui veut en apprendre à un savant, à un homme qui sait le latin. On raconte sur
ce proverbe la petite histoire que voici : « Le curé
au prêche parlait des miracles de Jésus-Christ,
et Gros-Jean écoutait. Arrivé au miracle des cinq
pains, le curé se trompa, et dit que Jésus-Christ

avait nourri cinq hommes, sans compter les femme
et les enfants, avec cinq mille petits pains. Gros
Jean trouva que ce n'était pas très-difficile, et
en glosa dans le village en se moquant de M.
curé. — Celui-ci se promit une vengeance écla
tante. Le dimanche suivant il reprit le mêm
sujet, et interpellant Gros-Jean, il lui cria : T
entends, Gros-Jean, cinq mille hommes avec cin
petits pains : en ferais-tu autant? — Pardine
oui, monsieur le curé, repartit Gros-Jean, avec le
restes de dimanche.

Gros-Jean sert aussi à désigner un homme qu
ne possède rien. La Fontaine dans *la Laitière e
le pot au lait,* et Collin d'Harleville dans les *Châ
teaux en Espague* l'ont employé ainsi :

> On m'élit roi, un peuple m'aime;
> Les diadêmes vont sur ma tête pleuvant,
> Quelque accident fait-il que je rentre en moi-même,
> Je suis Gros-Jean comme devant.
> (La Fontaine.)

> Et chacun redevient Gros-Jean comme devant.
> (Collin-d'Harleville.)

**Haricot de mouton.** — Autrefois une *ha
ligote* était une pièce, un petit morceau, et *haligo
ter* signifiait mettre en pièce, en morceaux. —
Par corruption, ces deux mots sont devenus *haricot
haricoter,* et c'est ainsi qu'un ragoût dans leque

mouton a été coupé en morceaux a été appelé
n *haricot de mouton*[1].


**Théâtre-Lazzari.** — Lazzari est le nom
'un Italien qui s'est rendu célèbre dans les
ôles d'Arlequin. Les succès qu'il obtint au théâtre
es *Variétés-Amusantes* dont il fut directeur pen-
ant six ans, firent désigner ce théâtre sous son
om. La salle du spectacle Lazzari fut incendiée
n 1798, et Arlequin se tua de désespoir.

Sous la Restauration, on ouvrit au boulevard du
emple, un petit théâtre de marionnettes qui, en
ouvenir des succès du pauvre Italien, fut appelé
*héâtre du Petit-Lazzari.* — Il n'y a plus au-
ourd'hui ni arlequin ni marionnettes sur ce théâtre
ù l'on joue assez souvent des drames lugubres à
ois et quatre personnages qui s'entr'égorgent
ns pitié ni merci; mais le nom de Lazzari est
oujours là. Ce n'est plus la figure d'Arlequin qui
st noire, c'est son âme.


**Avoir martel en tête.** — On a dit que cette
xpression venait du mot italien *martello* qui
ignifie *jalousie*. Il reste alors à se demander d'où
ient à son tour ce mot *martello* qui semble avoir

---

1. *Voir* la savante démonstration que M. Génin a donnée de
tte origine. (Journal l'*Illustration* du 8 janvier 1853.)

précisément *martel* pour radical. — Nous croyons que *martel* ici s'explique de lui-même. C'est un vieux mot français qui veut dire marteau ; or, avoir de l'inquiétude, des soucis, être préoccupé d'une chose qui sans cesse revient à l'esprit, c'est avoir, dans le sens figuré, un marteau qui vous frappe, qui vous bat dans la tête. L'emploi qu'on a fait du verbe marteler au figuré, nous confirme dans cette opinion. Etienne Pasquier a dit : *Dieu martèle les mauvais princes de mille tintoins qui sont autant de bourreaux de leur conscience ;* et Voltaire : *Je viens pour soulager le mal qui me martèle.*

**Être sur un grand pied dans le monde.** — Quelle folle capricieuse que la mode ! hier blanc et demain noir ; un instant rond et l'instant d'après pointu. On l'a comparée à une aiguille de pendule qui, après avoir parcouru un certain chemin, revient à son point de départ. Cependant il est des points où il nous semble qu'elle ne reviendra jamais. On retournera peut-être aux paniers de la Régence, aux queues de morue de la République, aux tailles de l'Empire et aux gigots de la Restauration ; mais comment croire qu'on renonce jamais au petit pied ! Dites, par exemple, à nos élégants en bottes vernies, à ces gracieuses Parisiennes dont le pied cambré est toujours si bien pris dans une bottine irréprochable, dites à ces messieurs et à ces dames qu'il fut un temps, éloigné, il est vrai, où la mode, le grand ton était d'avoir des souliers de deux pieds et demi de long, et vous verrez quelles grimaces ! On rira ou l'on se récriera, on haussera les épaules, on se contentera peut-être de se chauffer les pieds avec une grâce coquette, pour montrer par un geste victorieux où est le seul bon goût ; mais à coup sûr on ne vous croira pas. Rien n'est plus vrai cependant. — De même que Roscius prit un masque au théâtre pour cacher ses yeux qui étaient louches, de même Geoffroy Plantagenet[1], comte d'Anjou, prit un long soulier pour cacher son pied qui était difforme. Le comédien célèbre avait fait prendre la mode des masques, le grand seigneur élégant fit prendre celle des souliers longs et recourbés. — Ce qui avait été pour l'un et pour l'autre une nécessité, même désagréable, devint pour les imitateurs et les courtisans une fantaisie, un caprice, une mode.

Les grands souliers (dits à la *poulaine*, du nom de Poulain, leur inventeur) firent une telle for-

---

1. Ce nom ou plutôt ce surnom qui est resté dans l'histoire pour distinguer la maison d'Anjou des autres dynasties vient, si l'on en croit la *Chronique de Normandie*, de ce que Geoffroy avait l'habitude de mettre, en guise de plume, une branche de genêt sur son chapeau.

tune, qu'ils étaient devenus au XIVᵉ siècle la mesure de la distinction : les souliers d'un prince avaient deux pieds et demi ; ceux d'un haut baron, deux pieds ; d'un chevalier, un pied et demi, et ceux d'un simple bourgeois un pied. Nous n'aurions pas été surpris d'apprendre qu'il était aussi de bon goût à cette époque d'avoir comme Plantagenet une excroissance quelconque au bout du pied. Quoi qu'il en soit, c'est à cette mode ridicule et au signe de distinction auquel elle avait donné naissance que nous devons l'expression très-usitée encore : *Être sur un grand pied dans le monde.*

**Lance d'Achille.** — La locution : *C'est la lance d'Achille,* ne se trouve pas dans les dictionnaires, mais elle est d'un usage assez fréquent dans la conversation pour désigner une chose qui guérit le mal qu'elle a fait, et quelquefois une personne qui répare elle-même le mal dont elle a été cause. Télèphe (fils d'Hercule et d'Aujé) marcha contre les Grecs qui allaient assiéger Troie. Ayant été blessé par Achille, l'oracle lui conseilla de faire alliance avec ce prince et de suivre les remèdes de Chiron. Celui-ci le guérit en mettant sur la plaie un onguent fait de la rouille de la lance avec laquelle Télèphe avait été blessé. — On dit aussi, pour rappeler plus exclusivement cette circonstance, *C'est la lance de Télèphe.*

*La lance d'Achille ou de Télèphe* et toutes ces allusions mythologiques qui ont eu leurs beaux jours, ne sont plus guère de mode aujourd'hui. On s'est beaucoup réfroidi dans le discours pour les dieux et les héros de la fable. Ils sont, si l'on peut dire, tombés en désuétude. — On parlera long-temps encore de la liberté de la presse, et il est bien probable qu'on trouvera un autre tour pour dire que, comme la lance d'Achille, elle guérit les blessures qu'elle a faites.

**Pied-plat.** — *Pied-plat* ou *plat-pied* s'est dit autrefois d'un homme de basse naissance, et se dit aujourd'hui, dans le langage figuré, d'un homme qui ne mérite aucune considération. Il répond particulièrement à l'idée de bassesse et d'avilisse-ment.

> J'en prévois une suite, et qu'avec ce pied-plat
> Il faudra que j'en vienne à quelque grand éclat.
> ( Molière.)

> Nous sommes des pieds-plats, — oui ; des marauds, —
> | d'accord ;
> Mais le monde est à nous, car nous avons de l'or.
> ( Ponsard.)

Il fut un temps, nous l'avons dit, où les grands souliers étaient une marque distinctive de la nais-sance. Plus tard, quand Charles V eut fait disparaître cet usage en condamnant à une amende de dix écus ceux qui y resteraient fidèles, les souliers, qui étaient en voie d'extravagance, devinrent aussi larges qu'ils avaient été longs, et finirent enfin, le progrès aidant, par aboutir à la moins ridicule en pareille cas des trois dimensions, c'est-à-dire la hauteur. A la cour et dans le grand monde, on porta des souliers à très-hauts talons. Ceux qui avaient des souliers plats et presque sans talons étaient réputés paysans ou gens de rien. C'est ainsi qu'ils furent appelés *pieds-plats*. — A mesure que les souliers reprirent des proportions raisonnables, on oublia cette origine, et l'expression *pied-plat*, qui était restée dans la langue comme un terme de mépris, fut appliquée aux hommes déconsidérés ou avilis.

L'origine que rapporte M. de Sénancour remonte bien au delà de nos souliers et de leurs talons, et, à plus d'un titre, elle mérite d'être citée. « Vous ne pouviez me demander plus à propos d'où vient l'expression de pied-plat. Ce matin je ne le savais pas mieux que vous ; je crains bien de ne pas le savoir mieux ce soir, quoiqu'on m'ait dit ce que je vais vous rendre.

« Puisque les Gaulois ont été soumis aux Romains, c'est qu'ils étaient faits pour servir ; puisque les Francs ont envahi les Gaules, c'est qu'ils étaient nés pour vaincre : conclusion frappante.

Or, les Galles ou Welches avaient les pieds fort plats, et les Francs les avaient fort élevés. Les Francs méprisèrent tous ces pieds-plats, ces vaincus, ces serfs, ces cultivateurs ; et maintenant que les descendants des Francs sont très-exposés à obéir aux enfants des Gaulois, un pied-plat est encore un homme fait pour servir. Je ne me rappelle point où je lisais dernièrement qu'il n'y a pas en France une famille qui puisse prétendre avec quelque fondement, descendre de cette horde du Nord qui prit un pays déjà pris, et que ses maîtres ne savaient comment garder. Mais ces origines qui échappent à l'art par excellence, à la science héraldique, se trouvent prouvées par le fait. Dans la foule la plus confuse, on distinguera facilement les petits-neveux des Scythes, et tous les pieds plats reconnaîtront leurs maîtres. Je ne me souviens pas des formes plus ou moins nobles de votre pied, mais je vous avertis que le mien est celui des conquérants : c'est à vous de voir si vous pouvez conserver avec moi le ton familier. » (*Obermann.* — *Lettre* 28.)

**Ecrire comme un ange.** — On a voulu donner à cette expression une origine qui nous paraît singulièrement cherchée. Angelo Vergecio, habile calligraphe du temps de François I<sup>er</sup>, et dont la Bibliothèque possède trois manuscrits grecs, aurait donné lieu à cette comparaison ; on aurait dit, pour exprimer la perfection calligraphique, *écrire comme un ange* dans le même sens que l'on dirait peindre comme un Raphaël. Mais on dit aussi, chanter, danser, parler, travailler comme un ange, et il est difficile d'admettre que le nom de Vergecio se soit assez popularisé pour servir à exprimer en général la perfection avec laquelle on fait une chose, quelle qu'elle soit. C'est donc très-vraisemblablement aux anges qu'on a comparé les personnes qui avaient une belle écriture, et non pas au célèbre calligraphe.

**Charbonnier est maître chez lui.** — Le proverbe est une variante de l'ancien dicton rimé :

> Par droit et par raison
> Chacun est le maître dans sa maison,

dont un charbonnier aurait fait, à ce qu'on raconte, une assez brutale application, un jour qu'il donna l'hospitalité au roi François Ier. Voici encore une fois cette histoire tant répétée. — Le roi s'étant égaré à la chasse se réfugia dans la cabane d'un charbonnier. Le maître de la maison était sorti, mais sa femme fit asseoir l'étranger et le pria de se chauffer en attendant son mari et le souper. Une heure après, le charbonnier rentra, fatigué et affamé. Au moment de prendre place pour le repas, il s'empara de la seule chaise de la maison et s'y installa sans façon en disant à son hôte : Chacun est maître chez soi. Le roi prit gaîment la citation et se contenta d'une sellette aussi dure que peu commode. Notre charbonnier fit manger de la venaison à François I<sup>er</sup> en lui recommandant de n'en rien dire au grand nez (c'est ainsi que dans le peuple on désignait le roi), et le pauvre homme ne fut pas médiocrement confus en apprenant le lendemain matin que son proverbe et sa recommandation s'étaient adressés au roi lui-même. Mais dans l'occasion François I<sup>er</sup> était bon prince, et il ne sut pas mauvais gré à son hôte de ses rudes allures. On dit même que, pour le remercier de son hospitalité, il accorda aux charbonniers certaines immunités.

On se demande si ce n'est pas de cette époque et de cette aventure que datent les priviléges dont jouissait la corporation des charbonniers. Autrefois, en effet, les charbonniers partageaient avec les dames de la halle l'avantage d'être admis à la cour, pour y présenter leurs félicitations et leurs harangues, lors des mariages et des naissances des princes de la famille royale. Ils avaient aussi le privilége d'occuper, avec mesdames les poissardes, aux représentations gratuites des théâtres, les deux grandes loges de l'avant-scène, dites *du roi* et *de la reine.*

**Les deux cent vingt et un.** — On désigne ainsi les députés qui votèrent (contre 181) l'adresse de la Chambre au roi Charles X, en 1830. L'adresse du 16 mars osait dire au roi qu'il se manifestait dans les esprits une vive inquiétude qui troublait la sécurité de la France, que le concours permanent des vues politiques du gouvernement avec les vœux du peuple n'existait pas, et elle demandait hautement cette harmonie constitutionnelle qui est la première condition de la force du trône et de la grandeur de la France. Cette adresse devait avoir pour dernière conséquence les journées de Juillet : c'est ce qui explique pourquoi la majorité qui l'a votée est désignée dans notre histoire par ce chiffre qui rappelle, à lui seul, les circonstances du vote, les ordonnances, la révolution, et la chute de Charles X.

Un banquet fut donné, aux *Vendanges de Bourgogne*, à ces 221 députés qui, tout en exprimant : « un profond respect pour la personne du roi » (Dupin aîné), n'avaient pas voulu que la vérité lui parvînt « faible et pâle » (Guizot), et deux cent vingt et une couronnes décoraient symboliquement la salle du festin.

**Pays de Cocagne**. — Ce mot qui sert à désigner le pays imaginaire où l'on vivrait sans travail et sans souci dans l'abondance et la joie, se dit aussi des lieux qui réunissent tous les agréments de la vie.

> Paris est pour le riche un pays de Cocagne.

Selon les uns[1], ce *pays de Cocagne* est la partie du Languedoc qui composait l'ancien duché de Lauraguais. C'est là que se fabriquaient des pains coniques formés avec la feuille écrasée du pastel et désignés sous le nom de *coques* ou *coquaignes de pastel*. Les *coquaignes* qui servaient à la teinture ont été pendant longtemps une source de richesse pour le pays. De là est venu l'usage de comparer les pays riches et heureux au pays où se fabriquaient les coquaignes, au *pays de coquaignes*. — En répétant le mot on a forcé l'idée, et pays de cocagne a fini par être synonyme de félicité parfaite.

Suivant d'autres, c'est-à-dire suivant M. Génin[2], ce bienheureux *pays de cocagne* est ou plutôt était l'Italie. Autrefois, au XVIe et au XVIIe siècle, il y avait à Naples une montagne figurant un Vésuve

1. « Le pays de la richesse par excellence, le pays de *Cocagne*, n'était autre que le Lauraguais, l'opulente contrée des coques de pastel. » (Crapelet.)

2. *Notes sur le dictionnaire français*.

d'où jaillissaient à profusion du macaroni, de la viande et des saucisses que les gens du peuple se disputaient. Cette réjouissance s'appelait une *cocagne*, en italien *coccagna*, du vieux français *cocquaigne*, qui signifie contestation, dispute.

Cette explication, qui certainement est la bonne, a aussi le mérite de rappeler l'origine de notre *mât de cocagne*. Cependant, aujourd'hui que l'idée de lutte a disparu et que le mot *cocagne* est devenu synonyme d'abondance et de plaisir, le nom de *mât de cocagne* est un peu ironique. Il y a bien là haut, en effet, des richesses que l'on vous offre, mais il faut les aller chercher, et ce n'est jamais sans beaucoup de peine qu'on arrive à ce résultat. Le mot *cocagne* semble promettre des jouissances plus faciles; le mat savonné ne permet guère de citer le proverbe qui sert à caractériser l'abondance : il n'y a qu'à se baisser et en prendre.

**Un Fesse-Mathieu.** — Avant sa conversion, saint Mathieu était publicain de profession ; il faisait, en cette qualité, les profits scandaleux qui avaient rendu odieux chez les Juifs les gens de cette espèce, et de même qu'on appelle encore publicains les gens d'affaires et les traitants qui s'enrichissent aux dépens d'autrui, de même on a dit d'un usurier *il fait saint Mathieu*. Avec le temps et par corruption, cette expression est devenue *fesse-Mathieu*. C'est sous cette forme qu'elle nous est restée et qu'on l'emploie tous les jours pour qualifier les gens qui trafiquent de leur argent. Elle se dit aussi, par extension, des ladres, des avares. — Quelques-uns pensent qu'on a dit, dans le principe, *face de Mathieu*, puis, pour ajouter à l'injure, *fesse de Mathieu*, et enfin *fesse-Mathieu*. Cette version nous paraît moins vraisemblable que la première.

**Morgue.** — Il y avait autrefois à l'entrée des prisons une salle où l'on retenait les prisonniers pendant quelques jours pour les laisser voir aux gardiens. On voulait par là familiariser ces derniers avec le visage des nouveaux venus, et les mettre à même de déjouer, au besoin, toute tentative d'évasion. Plus tard, on exposa dans cette même salle les cadavres retirés de la rivière ou trouvés ailleurs, et l'on admit le public à venir les reconnaître par un guichet pratiqué à la porte. Jusqu'en 1804, cette exposition des cadavres eut lieu dans la basse-geôle dépendante de la prison du Grand-Châtelet. Elle fut transférée à cette époque sur le quai du Marché-Neuf dans un petit bâtiment spécial qui disparaîtra bientôt sans doute, car le projet de reconstruction de la Préfecture de police comprend un local destiné à en tenir lieu.

Cet endroit où les guichetiers examinent les nouveaux écroués, et où l'on exposait les corps des personnes trouvées mortes hors de leur domicile, a reçu le nom de *Morgue*. A ceux qui pourraient se demander pourquoi, nous répondrons avec Vaugelas et tous les grammairiens, parce que Morgue est un vieux mot français qui se disait autrefois pour visage. — Morgue étant synonyme de visage, de mine, de physionomie, il est aisé de s'expliquer qu'on ait désigné par ce mot le lieu où l'on venait regarder attentivement *le visage* de ceux qu'il fallait pouvoir reconnaître plus tard, le lieu où l'on vient chercher sur *la figure* d'un cadavre les traits d'un ami, d'un enfant ou d'un père. Cette raison est satisfaisante aussi pour l'étymologie de ce mot pris dans le sens de suffisance mêlée d'orgueil. La morgue se peint surtout par une *figure* méprisante et hautaine ; on a dû dire, dans le principe : *quelle morgue !* comme on dit familièrement de nos jours : quelle figure ! quelle mine ! et le mot morgue sera resté pour désigner le sentiment qui donnait lieu à cette expression dédaigneuse de la physionomie.

**L'âne de Buridan.** — Jean Buridan, célèbre dialecticien du XIVᵉ siècle, fit sur Aristote des commentaires qui ne lui auraient valu qu'une mince réputation s'il n'avait eu l'heureuse idée d'attacher son nom à celui d'un âne qui s'est chargé de le conduire à la postérité. Si les animaux, pensait-il, n'avaient pas, aussi bien que nous, leur libre arbitre, la nature se trouverait en défaut, car elle ne leur donnerait pas même la faculté de pourvoir à leur subsistance. A l'appui de cette argumentation, il prenait un âne également pressé par la soif et par la faim, le plaçait entre un picotin d'avoine et un seau d'eau, également distants, faisant sur lui la même impression et il demandait : Que fera cet âne ? Ou il demeurera immobile comme un corps sollicité, en mécanique, par deux forces contraires et parfaitement égales, et alors il mourra ; ou il se dirigera d'un côté plutôt que d'un autre, et alors il aura son libre arbitre. Ce dilemme avait des allures trop convaincantes pour ne pas faire événement : on fut frappé du sort qu'une logique impitoyable peut réserver à d'innocents quadrupèdes, et les générations se transmirent d'âge en âge cet exemple saisissant. De nos jours, quand un homme hésite entre deux objets ou deux positions qui ont à ses yeux un attrait pareil, on le compare aussitôt à l'âne de Buridan.

> Connaissez-vous cette histoire frivole
> D'un certain âne illustre dans l'école?
> Dans l'écurie on vint lui présenter
> Pour son dîner deux mesures égales,
> De même force, à pareils intervalles ;
> Des deux côtés l'âne se vit tenter

Également, et, dressant ses oreilles,
Juste au milieu des deux formes pareilles,
De l'équilibre accomplissant les lois,
Mourut de faim, de peur de faire un choix.

(Voltaire.)

**Cour des Miracles.** — Le passant égaré, s'aventurant par mégarde, la nuit, dans les petites rues qui avoisinent la place du Caire, doit ressentir un certain effroi lorsque, à la lueur d'un bec de gaz, ses yeux rencontrent au coin d'une muraille ces mots : *Cour des Miracles.* Il se trouve, en effet, sur l'emplacement de l'un des plus fameux repaires de voleurs qu'ait possédés Paris au moyen âge.

Ces repaires ou logis étaient nommés *Cour des Miracles*, dit Richard de Romagny, « d'autant que les gueux suivant la cour et autres, qui ont faict tout le jour les estropiez, mutilez, hydropiques, venans le soir au giste, portent sous le bras un alloyau, un morceau de veau, quelque gigot de mouton, sans oublier la bouteille qu'ils ont pendue à leur ceinture, et entrans dans ladite cour, ils quittent leurs potences, reprennent leur disposition et en-bon-point, et à l'imitation des anciennes bacchanales, chacun ayant son trophée à la main, attendent que l'hoste leur prépare le soupé, dancent toutes sortes de dances, principalement la sarabande; peut-on voir de plus grands miracles que les boitteux marcher droit en cette cour? »

Il y eut des *Cours des Miracles* dans un grand nombre de villes de France. A Paris seulement, la population des gueux s'éleva, à certaines époques, jusqu'au chiffre de quarante mille individus. On comprend que cette agglomération de malfaiteurs devait occuper une place considérable dans la cité. En 1450, il existait à Paris plus de douze *Cours des Miracles.* La plus célèbre d'entre toutes était celle dont l'emplacement a conservé ce nom. Sauval nous en donne la description en 1660, époque à laquelle une notable partie de ces bouges et de ces taudis existait encore. « Elle consiste, dit-il, en une place d'une grandeur très-considérable, et en un très-grand cul-de-sac puant, boueux, irrégulier. Autrefois il confinait aux dernières extrémités de Paris; à présent il est situé dans l'un des quartiers les plus mal bâtis, les plus sales et des plus reculés de la ville, entre la rue Montorgueil, le couvent des Filles-Dieu et la rue Neuve-Saint-Sauveur, comme dans un autre monde. Pour y venir, il se faut souvent égarer dans de petites rues vilaines, puantes, détournées; pour y entrer, il faut descendre une assez longue pente de terre tortue, raboteuse, inégale. J'y ai vu une maison de boue à moitié enterrée, toute chancelante de vieillesse et de pourriture, qui n'a que quatre toises en carré, et où logent néanmoins plus de cinquante ménages, chargés d'une infinité de petits enfants légitimes, naturels ou dérobés. On m'a assuré que, dans ce petit logis et dans les autres, habitaient plus de cinq cents grosses familles entassées les unes sur les autres.

« Cette cour était autrefois encore plus grande, et, là, on se nourrissait de brigandages, on s'engraissait dans l'oisiveté, dans la gourmandise et dans toutes sortes de crimes... Chacun y vivait dans une grande licence ; personne n'y avait ni foi ni loi. On n'y connaissait ni baptême, ni mariage, ni sacrements. »

La description de Sauval n'est nullement exagérée, non plus que celle de Richard de Romagny. Le nom de *Cour des Miracles* convenait bien à ces réceptacles hideux, et jamais il n'y eut de plus véridiques miracles que ceux qui faisaient parler les sourds-muets, danser les aveugles et les paralytiques, et qui rendaient la jeunesse aux vieillards.

**Êtres de la maison.** — *Connaître les êtres de la maison*, c'est connaître les portes, les escaliers, les couloirs, les chambres, les issues, en un mot, la distribution des appartements de cette maison ; c'est pouvoir dire, avec Acomat :

Nourri dans le sérail, j'en connais les détours.

*Êtres* a vraisemblablement pour origine, dans cette locution, le mot latin *atria*, dans le sens de *demeures*.

**Les trophées de Miltiade m'empêchent de dormir**. — Dans sa jeunesse, Thémistocle, ambitieux et passionné pour la gloire, ne pouvait entendre parler sans envie des exploits de Miltiade ; déjà le futur général entrevoyait quelque chose au delà de cette défaite des Barbares dans les champs de Marathon. Cette pensée le poursuivait sans cesse, et quand ses amis lui demandaient les motifs de ses préoccupations et de son éloignement pour les plaisirs, il répondait : *Les trophées de Miltiade m'empêchent de dormir*.

On cite quelquefois aussi le mot que Thémistocle disait en plaisantant à propos de son fils qui abusait de la faiblesse de sa mère, et se servait d'elle pour le gouverner : « Mon fils a plus de pouvoir qu'aucun autre Grec, car les *Athéniens gouvernent les Grecs, je gouverne les Athéniens, sa mère me gouverne, et il gouverne sa mère.* »

**Querelle d'Allemand.** — Les Allemands aiment la discussion, ils ergotent volontiers, mais au demeurant ils ne sont guère plus querelleurs que nous. Les conséquences sérieuses qui résultent trop souvent parmi eux des querelles engagées sur des pointes d'aiguilles, viennent de ce qu'ils n'ont pas autant que nous l'esprit de répartie. Ils savent attaquer, ils savent moins bien se défendre. Quand on leur adresse un mot piquant, ils ne sont pas toujours prêts à la réplique, et, ne pouvant répondre par un mot, ils ripostent par un geste. Ces scènes grotesques où s'échangent, dans nos fêtes du carnaval, tant de quolibets et d'injures, perdraient beaucoup de leur caractère égayant si elles se passaient au milieu du peuple allemand : les saillies se traduiraient presque aussitôt en coups de poings. — Peut-être les Allemands ne demanderaient-ils pas mieux que d'entendre la plaisanterie ; ce qui leur manque, c'est de savoir la pratiquer.

Nous ne croyons donc pas que l'expression *Querelle d'Allemand* soit due au caractère des habitants de l'Allemagne. Elle vient plus vraisemblablement de l'ancienne organisation politique et civile de ce pays. L'Allemagne, qui se compose aujourd'hui de trente-cinq États différents, en comptait plus de trois cents dans le temps des empereurs. Chacun de ces petits États, en vue de s'agrandir ou d'ajouter à son importance, était toujours en lutte avec ses voisins. Bien qu'elles reconnussent la supériorité d'un chef élu sous le titre d'empereur, toutes ces principautés avaient leurs intérêts particuliers, leurs jalousies, leurs rivalités, et elles n'avaient besoin d'aucun prétexte légitime pour vivre dans un état de querelles ou de guerres perpétuelles. C'était un singulier spectacle que celui de ces peuples qui, faisant partie de la même nation et obéissant au même souverain, étaient constamment en querelles, et il est assez naturel que ces querelles soient devenues proverbiales.

Si l'on devait chercher l'origine de notre proverbe dans les habitudes du peuple allemand, il faudrait la demander plus particulièrement aux universités. Les étudiants, en Allemagne, se sont fait, par leurs usages et leurs mœurs à part, une réputation européenne. Querelleurs et batailleurs de générations en générations, ils regardent le duel comme une sorte de baptême, et nul n'est consacré étudiant, dans toute la force de ce mot, s'il n'a donné ou reçu un coup de sabre quelque part. On se bat à l'université sur le plus léger prétexte, et quand ce prétexte n'existe pas, on le fait naître. Qu'un étudiant timide et inoffensif s'efforce de fuir toutes les occasions qui pourraient le distraire de ses études, ou l'entraîner

dans une rencontre, —et un autre étudiant, un ancien, ne tardera pas à lui faire comprendre les
exigences de la position ; il lui mettra sa botte sur
la sienne, lui enverra un nuage de fumée dans la
figure, et lui tiendra un discours conçu à peu
près en ces termes : « Jeune homme, à l'université, nous ne souffrons pas les yeux colombins et
les nez ingénus ; je vais avoir, dans un instant,
l'honneur de couper le vôtre qui désoblige particulièrement mes amis. — Si un œil crevé vous
est plus agréable, — accordé. » — A coup sûr,
voilà bien ce qui s'appelle chercher une querelle
d'Allemand.

Les proverbes, qui, comme celui dont nous
nous occupons, font des allusions ou des compa-
raisons, sont de ceux dont il faut le plus se défier.
Ils portent, en tombant dans certaines oreilles,
beaucoup plus que nous ne le pensons, et très-
souvent ils nous compromettent. Il ne faut pas
parler de corde dans la maison d'un pendu. —
A l'époque où le duel était puni de mort, un officier français fut obligé, pour échapper à la rigueur
des lois, de se réfugier à Berlin. L'ambassadeur
de France le recommanda au roi, en le priant de
lui donner un emploi dans son armée. Le grand
Frédéric voulut savoir de la bouche même de cet
officier dans quelles circonstances il avait tué son
adversaire. — Sire, lui dit-il, je causais avec un

camarade ; nous n'étions pas d'accord, et, dans la chaleur de la discussion, je lui dis qu'il n'avait pas plus de raison qu'un Suisse. Un officier suisse qui se trouvait là par hasard se tint pour offensé, il me chercha une querelle d'Allemand, et... — Décidément, monsieur, interrompit le roi, vous n'êtes pas heureux en proverbes.

Il a été donné à l'expression *querelle d'Allemand* une origine qui met l'Allemagne tout à fait hors de cause : « Durant le XIII<sup>e</sup> et le XIV<sup>e</sup> siècle, la région montagneuse qui s'élève entre le Drac et l'Isère, vers la jonction de ces deux torrents, était, presque en totalité, le domaine d'une immense famille de seigneurs qui portaient tous le nom de Alleman. Vizille, Sechilienne, Uriage, Vaulnaveys, et les forêts de pins de Champerousse et de Chalanches, et les cimes glacées de la Belledonne étaient, de ce côté, les points principaux de leur domination. A eux encore appartenait une partie de l'Oisans, Valbonais, la rive droite de la Grèze, des châteaux sur toutes les grandes rivières qui se précipitent des Hautes-Alpes. Jamais souche féodale ne produisit plus de rameaux, et nulle part les membres d'une même famille ne se groupèrent autour de leur chef avec un soin plus jaloux. Tandis que dans la plupart des maisons nobiliaires la discorde, ou au moins l'indifférence, séparait les cadets des aînés, une tradition de famille, peut-être une association secrète et jurée de père en fils, retenait les Alleman dans l'affection mutuelle et dans la concorde. Les premiers nés, nourris dans les armes, perpétuaient la famille et défendaient le patrimoine ; les plus jeunes, voués à la cléricature, peuplaient les presbytères et les prieurés du pays, dans le commerce et sous la protection de leurs frères. Entre tous égalité parfaite. Ils se mariaient entre eux, jugeaient entre eux leurs différends, et, en toutes circonstances, se prêtaient les uns aux autres un infaillible appui. Malheur à l'imprudent voisin qui eût troublé, dans son héritage ou son honneur, le plus humble des Alleman ! Sur la plainte de l'offensé, un conseil de famille était réuni, la guerre votée par acclamation, et l'on voyait bientôt déboucher dans la plaine de Grenoble les bandes armées que guidaient, au château de l'agresseur, les bannières d'Uriage et de Valbonnais. » ( Jules Quicherat. — *Revue historique de la Noblesse.*)

**Jeter de la poudre aux yeux.** — Autrefois, avant l'invention de la poudre, par exemple, le mot *poudre* se disait communément pour *poussière*, et il s'emploie toujours ainsi dans le langage poétique :

Le corps né de la poudre à la poudre est rendu.

( L. Racine.)

Dans les champs des combats, Grecs,Troyens confondus,
Cherchent leurs compagnons sur la poudre étendus.

(Aignan. — Trad. de l'*Iliade*.)

C'est dans ce sens qu'il faut entendre ici le mot *poudre*. Il ne s'agit pas de poudre d'or, comme pourrait le faire croire l'idée d'éblouir attachée à l'expression *jeter de la poudre aux yeux;* — il s'agit de poussière, — de cette poussière que faisaient voler les lutteurs aux courses des jeux Olympiques, et que les premiers, les plus agiles, envoyaient dans les yeux de ceux qui les suivaient.

Ainsi, le proverbe *jeter de la poudre aux yeux* est de la même famille que l'expression *faire de la poussière,* qui signifie faire de l'éclat, de l'embarras.

Chers parvenus, dans la carrière
Vos coursiers sont trop emportés :
En faisant voler la poussière,
Vous rappelez d'où vous sortez.

**Sycophante**. — Le figuier était en honneur chez les anciens; les Grecs et les Romains lui avaient voué une sorte de culte. Les couronnes de leurs déesses et celles dont ils se ceignaient le front dans les fêtes publiques étaient faites de branches et de feuilles de figuier. — Les Grecs avaient fait des lois pour punir de mort ceux qui transporteraient des figuiers hors de l'Attique ou qui toucheraient aux figues des arbres consacrés aux divinités. Ils avaient aussi promis des récompenses à ceux qui dénonceraient les coupables, et comme, malgré l'attrait du fruit défendu, personne n'était tenté de manger des figues aussi chères, il y eut des scélérats qui, pour recevoir la somme promise, dérobèrent eux-mêmes les fruits, et accusèrent de ce sacrilége les hommes qu'ils voulaient perdre. Ces imposteurs furent appelés *Sycophantes* (dénonciateurs de figues). C'est ainsi que la figue inoffensive s'est trouvée entrer dans un mot que l'on a appliqué plus tard, et d'une manière générale, aux calomniateurs, aux fourbes et aux hypocrites. Plusieurs de nos écrivains l'ont employé ainsi : « Dans les mains des sycophantes politiques, l'État devient comme ces fruits que l'on enfle de vent après en avoir exprimé le suc. » (Boiste.)

Pour pousser jusqu'au bout la ruse,
Il aurait volontiers écrit sur son chapeau :
« C'est moi qui suis Guillot, berger de ce troupeau. »
Sa personne étant ainsi faite,
Et ses pieds de devant posés sur sa houlette,
Guillot le sycophante approche doucement.
(La Fontaine. — *Le loup devenu berger.*)

**Mon siége est fait.** — A qui donne un conseil tardif ou apporte un renseignement dont il n'est plus temps de profiter, on dit : *Mon siége est fait.* C'est une allusion au mot de l'abbé Vertot. Plus écrivain qu'érudit, Vertot avait entrepris de raconter *le siége de Rhodes* sans trop se préoccuper des détails historiques. On lui proposa des documents authentiques, il accepta ; mais quand ils arrivèrent, le livre était fini. Vertot qui n'avait pas envie de recommencer répondit : *Mon siége est fait.*

**Comme de cire.** — On dit proverbialement en parlant de deux hommes qui ont les mêmes inclinations, les mêmes humeurs, *ils sont égaux comme de cire,* c'est-à-dire ils sont faits l'un comme l'autre, ils se ressemblent comme deux figures de cire. Cette expression équivaut à cette autre : *Ils ont été jetés dans le même moule.*

> Monsieur l'abbé et monsieur son valet
> Sont faits tous deux *égaux comme de cire.*
>
> ( Marot.)

*Cet habit va comme de cire* signifie qu'il est juste, qu'il s'applique parfaitement. C'est encore une allusion à une figure faite au moule : » *Cet habit vous est fait comme de cire.* » (Oudin.)

On dit enfin absolument : *comme de cire* pour

exprimer qu'une chose va bien et vient fort à propos. « Dimanche dernier, il nous a fait un sermon, pas trop mal pour un sermon de province, et qui venait *comme de cire*. » (Mérimée. — *L'abbé Aubain.*)

> Tels dons étaient pour des dieux ;
> Pour des rois, voulais-je dire ;
> L'un et l'autre y vient *de cire*,
> Je ne sais quel est le mieux.
> (La Fontaine. — *Le roi Candaule et le maître en droit.*)

Le mot *cire*, dans cette locution, éveille, comme dans les deux autres, l'idée d'une chose qui va bien, qui arrive juste, *comme* si elle était *de cire*. — Cependant, cette origine a été combattue par un célèbre voyageur, homme d'esprit, qui, en adoptant une autre explication, adoptait aussi une autre orthographe. Voici quelle est son opinion : « Je relisais hier la lettre que vous m'écrivîtes de Brest ; elle commence par une rectification d'une des miennes, où je vous avais dit : *tout va de sire ;* vous voulez un *c* au lieu d'un *s*. Je crois que vous vous trompez ; car aller de sire (ou de *cire* suivant vous) se dit en italien *andare da signore*. Cette affaire va bien ou va *de sire ; questo affare va bene*, ou va *da signore ;* à merveille, *da signore*, parce que les seigneurs, sans doute, font toutes

choses merveilleusement. » — (Victor Jacque-
mont. — *Correspondance.*)

**Diseur de bons mots, mauvais carac-
tère.** — *Mauvais caractère* s'entend le plus ordinairement dans le sens de *humeur désagréable,*
et se dit des hommes qui se fâchent et s'emportent
aisément, qui ne savent supporter sans colère ni
un reproche, ni une plaisanterie. — Le mot caractère n'avait pas cette acception restreinte du
temps de Pascal et de La Bruyère. *Caractère* répondait alors au mot *nature,* plus à la mode aujourd'hui : *c'est une bonne, une mauvaise nature ;*
au XVIIe siècle, on eût dit : *c'est un bon, un mauvais caractère ;* cela voulait dire une bonne, une
mauvaise espèce d'homme. — Cette manière à
nous d'entendre le mot *caractère* a fait mal interpréter souvent la pensée de Pascal ; on a cru lire
qu'un diseur de bons mots était irritable, suscep-
tible, et l'on s'est mépris sur l'intention de l'auteur. Pascal a voulu dire que l'homme incessam-
ment occupé de faire des bons mots n'est ni un
cœur noble ni un esprit élevé. Le développement
un peu vif peut-être que La Bruyère a donné à
la pensée ne laisse aucun doute à cet égard :
« Diseur de bons mots, mauvais caractère, je le
dirais, s'il n'avait été dit. Ceux qui nuisent à la
réputation ou à la fortune des autres plutôt que de

perdre un bon mot, méritent une peine infamante ; cela n'a pas été dit, et je l'ose dire. »

**Ferrer la mule.** — *Ferrer la mule* s'est dit et se dit encore pour signifier : faire des profits illicites en trompant sur le prix de ce qu'on est chargé d'acheter. « Les servantes appellent l'anse du panier le profit qu'elles font à *ferrer la mule.* — On appelle parmi les valets l'anse du panier, *les ferrements de la mule,* les vols qu'ils font à leurs maîtres sur le prix des denrées qu'ils achètent au marché. » (*Dict.* de Trévoux.)

Cette expression date, selon quelques-uns, du temps où les conseillers au Parlement se rendaient au palais montés sur des mules. Les laquais qui restaient dehors, pendant la séance, passaient leur temps à jouer et ils extorquaient de leur maître l'argent qui leur était nécessaire, en prétendant qu'ils avaient fait *ferrer leurs mules.* — On pense plus généralement que cette expression remonte à Vespasien. Le muletier de cet empereur s'étant laissé corrompre par la promesse d'une récompense, fit avoir une audience à un plaideur en prétextant que ses mules étaient déferrées. — « Ayant vu, dit Suétone, dans un de ses voyages, son muletier s'arrêter brusquement pour faire *ferrer ses mules,* et le soupçonnant d'avoir voulu donner ainsi à un plaideur dont ils avaient fait rencontre, le temps de lui parler affaire, il (Vespasien) lui demanda combien il avait reçu pour les fers, et il se fit payer une partie de la somme. »

**Calepin.** — Ambroise Calepino, religieux augustin, est l'auteur d'un *Dictionnaire des langues* imprimé pour la première fois en 1502, augmenté depuis par *Passerat, la Cerda, Chifflet* et d'autres. L'édition la plus complète de ce dictionnaire est celle de Bâle, en onze langues, y compris le polonais et le hongrois. Comme il arrive presque toujours en pareil cas, on désigna le dictionnaire par le nom de son auteur; on a dit: Mon Calepin comme nous disons : Mon Richelet ou mon Boiste. Peu à peu, ce nom a été donné par comparaison à d'autres recueils,

> Seigneurs états, excusez ce bonhomme,
> Il a laissé son calepin à Rome.
> ( *Satire Ménippée.* )

et il s'est appliqué enfin, par extension, au livre de poche sur lequel on inscrit ses notes et ses pensées.

**Croquer le marmot.** — Après avoir établi que *marmot* est le masculin de *marmotte*, et après avoir rappelé qu'on dresse la marmotte à se tenir sur ses pattes de derrière, ce qui a fait appeler, par comparaison, un petit enfant un marmot,

M. Génin nous apprend que l'expression *croquer le marmot* « a pris naissance dans l'atelier des peintres, d'où elle s'est répandue dans le monde. L'artiste qu'on fait languir sur un escalier, dans un vestibule, dans une antichambre, pour tromper la longueur du temps, s'amuse à barbouiller, à croquer une petite figure de marmot contre la muraille. Voilà le sens propre; le sens métaphorique s'ensuit naturellement. »

Cette explication est exactement celle de Le Duchat, qui ajoute : « Les Gascons disent *croquer le mouset,* qui se dit par éphérèse pour *marmouset,* diminutif du bas-breton *marmous,* synonyme de *marmot.* »

Nous sauterons maintenant à une opinion émise dans un numéro du *Manuel des amateurs de la langue française*, opinion qui s'éloigne autant que possible de la précédente. « Cette expression doit son origine, est-il dit, à une espèce d'instrument (si je puis l'appeler ainsi) qui était autrefois fort en usage, et que j'ai encore vu dans mon enfance à la porte principale de plusieurs antiques manoirs. Voici comment était disposé cet instrument qui tenait alors lieu des marteaux et des sonnettes dont on se sert à présent : un gros morceau de fer crénelé était attaché à la porte en forme de poignée; dans cette poignée était passé un gros anneau de fer qu'on pouvait aussi faire mouvoir du haut en bas, et du bas en haut de la poignée. La porte, en cet endroit, était garnie d'un gros bouton de cuivre qui représentait une de ces figures grotesques qu'on nomme ordinairement *marmots*. Voulait-on se faire ouvrir la porte, on agitait l'anneau contre les crénelures de la poignée, et ce frottement produisait un bruit, ou plutôt un *craquement* assourdissant qui se faisait entendre dans l'intérieur de la maison. — Je pense donc que *croquer le marmot* tire son origine du frottement dont je viens de parler. Quand une personne avait longtemps attendu à la porte, elle pouvait dire : *J'ai longtemps frotté l'anneau ;* ou plutôt : J'ai longtemps *craqué* (usant de l'onomatopée) ; et comme pendant ce frottement, ce *craquement*, le *marmot* attirait l'attention, ou peut-être rendait un son, on l'aura associé à cette action, en disant : *J'ai longtemps craqué le marmot.* —Vous m'objecterez sans doute, Monsieur, que l'on ne dit pas *craquer,* mais *croquer le marmot,* et que ces deux verbes n'ayant pas la même signification, on ne peut reconnaître, dans ce que je viens de dire, l'origine de *croquer le marmot :* je suis d'accord avec vous sur ces deux points ; mais n'est-il pas possible que l'*a* de *craquer* se soit changé en *o* dans *croquer,* comme dans celui d'*armoire* que le peuple prononce *ormoire ?* Je suis d'autant plus fondé à croire ce changement, que j'ai souvent entendu des anciens dire : *craquer le marmot.* »

Le dictionnaire de Bescherelle se rapproche un peu de ces idées en ce qui concerne le marmot de la porte, mais il n'admet pas le craquement, et il consacre le mot *croquer* avec sa signification dévorante : « L'expression *croquer le marmot* fait allusion à l'usage féodal d'après lequel le vassal qui allait rendre hommage à son seigneur devait, en l'absence de celui-ci, réciter à sa porte, comme il l'eût fait en sa présence, les formules de l'hommage, et baiser à plusieurs reprises le verrou, la serrure et le heurtoir appelé *marmot,* à cause de la figure grotesque qui y était ordinairement représentée. En marmottant ces formules, il semblait murmurer de dépit entre ses dents, et en baisant ce marmot, il avait l'air de vouloir le croquer, le dévorer. Les Italiens disent dans le même sens, *mangiare i catucacci,* manger les cadenas ou les verrous. »

M. Boniface, enfin, pense que l'origine donnée dans le *Manuel* n'est pas satisfaisante, et voici ce qu'il a trouvé : « Si une personne, qui en attend une autre, s'impatiente, elle murmure entre ses dents et imite, en quelque sorte, la grimace du *marmot* ou du singe ; elle *croque* comme *le marmot,* elle *croque… le marmot.* »

Moralité. On demandait à d'Alembert pourquoi les caves étaient plus chaudes en hiver qu'en été.

Il en donna plusieurs raisons plus ou moins admissibles, puis il ajouta : « C'est peut-être aussi parce que ce n'est pas vrai. »

GARDER LE MULET, — s'emploie quelquefois pour *croquer le marmot*, mais avec un sens plus restreint ; celui qui *garde le mulet* n'attend jamais qu'on le reçoive, il attend celui qu'on reçoit ; il reste à la porte avec le mulet de son maître ou de son compagnon, en attendant que ce dernier sorte de la maison où il avait affaire. On connaît sur ce mot la petite anecdote des *Matinées sénonaises :* « Un babillard qui se promenait avec un de ses amis, entra dans une maison où il n'avait, disait-il, qu'un mot à dire. L'ami l'attend à la porte et assez longtemps pour perdre patience. L'autre, revenu enfin, lui dit d'un ton plaisant : Vous gardiez donc là le *mulet ?* — Non, reprit l'ami un peu piqué, mais je l'attendais. »

FAIRE LE PIED DE GRUE — ajoute à l'idée de *croquer le marmot* celle d'attendre sur ses jambes, dans une position désagréable. C'est une allusion à l'habitude qu'ont les grues de se tenir longtemps sur une seule patte.

**Nous dansons sur un volcan.** — On a prétendu que ce mot n'était pas de M. de Salvandy, qu'il appartenait à un rédacteur anonyme de l'ancien *Figaro.* Pour qu'il en fût ainsi, il faudrait que

M. de Salvandy se fût attribué lui-même ce fameux volcan, car il le cite comme de lui dans les pages qu'il a consacrées au récit de cette fête du Palais-Royal donnée par le duc d'Orléans, en juin 1830, au roi et à la reine de Naples.

« Je venais, dit-il, de m'entretenir avec un des membres du cabinet des dangers de la lutte engagée par l'autorité royale. « Nous ne reculerons pas d'une semelle, » m'avait-il dit ; grave parole que peu après j'ai entendu prononcer plus haut. « Eh bien ! lui répondis-je, le roi et vous reculerez d'une frontière. » Ce ministre, qui du reste ne voyait pas la situation des affaires sans alarmes, est aujourd'hui en Angleterre, condamné à la mort civile et retiré près de son roi proscrit.

« Ce fut peu après que, passant près de Mgr le duc d'Orléans, qui recevait de nombreux compliments sur les magnificences de sa fête, je lui adressai ces mots que les feuilles répétèrent le lendemain : « C'est une fête toute napolitaine, monseigneur, nous dansons sur un volcan [1]. »

Des termes si précis ne nous permettent pas d'admettre que M. de Salvandy ait emprunté à quelqu'un son allusion napolitaine, et jusqu'à preuve contraire, nous nous refuserons à la lui

---

1. *Le livre des cent et un.* Ladvocat, 1831.

contester. Les mots qu'on raconte ainsi soi-même, il faut au moins qu'on les ait dits.

**Huguenots.** — Ce nom sous lequel on désignait autrefois les protestants a été très-diversement expliqué. *Chacun en a devisé à son appétit,* selon l'expression de Pasquier, et aujourd'hui même on n'est pas sûr de sa véritable origine. Les uns voulaient qu'il eût été emprunté à Jean Hus, l'hérésiarque bohémien ; d'autres, remontant plus haut encore dans l'histoire, prétendaient qu'il venait du temps de Hugues Capet, parce que, disaient-ils, les huguenots, ennemis des Guises, ont protégé et défendu la maison de Valois, issue de Hugues Capet. D'autres racontaient qu'un jeune gentilhomme allemand, interrogé devant le cardinal de Lorraine au sujet de la conspiration d'Amboise, dont il faisait partie, avait commencé par ces mots: *Huc nos, serenisse princeps, advenimus,* etc., et qu'on avait depuis appelé du nom formé par ces deux premiers mots tous les membres de la conjuration. Parmi ceux qui pensaient que ce nom était venu de la Suisse, quelques-uns lui donnaient pour racine les mots *Heus quenaux,* qui signifient, dit-on, gens séditieux. Mais Pasquier n'admet aucune de ces explications. Selon lui, quand le peuple fut moins *effarouche* contre les protestants, il commença à leur donner certains noms par forme de sobriquets : en Poitou, il les nomme *fribours*, par une méchante allusion à de fausses monnaies qu'on désignait ainsi, et, en Tourraine, *huguenots*, du nom d'un lutin qui courait dans les rues de Tours pendant la nuit, et qu'on appelait le roi *Hugon*. « Pourquoi le peuple, ajoute Pasquier, entendant qu'il y avait quelques-uns qui faisaient des assemblées de nuit à leur mode, les appela *huguenots*, comme disciples de Hugon, qui ne se faisait ouïr que de nuit : chose dont je me crois ; car je vous puis dire que huit ou neuf ans auparavant l'entreprise d'Amboise, je les avais ainsi ouï appeler par quelques miens amis Tourrangeaux. »

Mais on ne s'est pas contenté des témoignages de Pasquier. Bien qu'il eût dit sa pensée « sans aucune flatterie, moquerie ou maltalent (ressentiment), » on alla chercher ailleurs des raisons un peu moins tourmentées que les précédentes. Voici l'explication qu'on a trouvée et qui paraît assez grnéralement adoptée ; nous l'empruntons à *l'Histoire de la formation de la langue française*, de M. Ampère : « Faute de connaître l'origine historique d'un mot, on risque de tomber dans les suppositions étymologiques les plus absurdes. Le mot de *huguenot* vient certainement *d'eidgnoten*, confédérés en bas allemand, pour *eidgenossen*. Ne sachant pas cela, plusieurs auteurs, et Bèze lui-même, ont fait dériver le mot Huguenot du roi Hugon, personnage mystérieux, qui jouait, aux environs de Tours, un rôle à peu près semblable à celui du grand veneur de Fontainebleau, et qui n'a jamais rien eu à démêler avec les Huguenots. »

Il n'est pas inutile d'ajouter, pour compléter cette explication, que le nom de Huguenot avait été pris à Genève par les partisans de la liberté, qui s'étaient fait admettre parmi les confédérés suisses, et que d'ailleurs le mot allemand *eidgenossen* signifie *alliés en foi*.

**Longchamps.** — Il y avait autrefois à deux lieues de Paris, auprès de Boulogne, dans un petit village nommé *Longchamps*, une ancienne abbaye fondée par Isabelle, sœur de saint Louis, et restée célèbre par les concerts spirituels qu'on y exécutait pendant la semaine sainte. — Il était de mode d'aller entendre, le mercredi, le jeudi et le vendredi saint, l'office des ténèbres à Longchamps, et tout ce qu'il y avait de monde élégant à Paris s'y rendait en grand équipage. La semaine sainte coïncidant avec le renouvellement de la saison, les dames de Paris, dont l'existence, on l'a dit, consiste surtout à être regardées, profitaient de cette occasion pour exhiber les modes nouvelles et se montrer dans leurs plus brillants atours. Les hommes suivaient cet exemple en faisant voir leurs plus beaux chevaux, leurs voitures nouvelles, — et insensiblement la visite à Longchamps ne fut plus qu'un prétexte pour aller rivaliser de beauté, de luxe et de tapage. On pensait longtemps d'avance à Longchamps, mais l'office n'était pas pour grand'-chose dans cette longue préoccupation : il s'agissait de savoir quelle toilette on y montrerait, quelle innovation on y porterait. L'archevêque de Paris crut mettre fin à ce désordre en supprimant les cérémonies religieuses de l'abbaye de Lonchamps, mais on se soucia fort peu de l'interdit épiscopal : l'habitude était prise d'aller faire étalage de son luxe aux Champs-Élysées et au bois de Boulogne, et l'on continua, pendant les jours les plus saints de la sainte semaine, de prendre le chemin de Longchamps sans aller à Longchamps.

C'est ainsi que s'est établi l'usage de cette promenade où, pendant bien des années, le monde élégant de Paris est venu donner le ton et dicter les lois de chaque mode nouvelle. — Longchamps aujourd'hui n'est plus qu'un souvenir : le temps l'a usé d'abord, les fiacres et les dames de toutes les fractions du monde l'ont achevé.

**Faire Charlemagne.** — C'est se retirer du eu, après avoir gagné, sans offrir de revanche à ses adversaires. Ces joueurs dont parle M<sup>me</sup> de Girardin, qui, lorsqu'ils gagnent, sont tout à coup saisis d'étourdissement, éprouvent le besoin de respirer un air plus frais, et profitent d'une discussion qui s'élève pour prendre leur chapeau et s'en aller, ont perfectionné à notre époque l'art de *faire Charlemagne*, cette honteuse action exprimée par un grand nom.

Il n'y a guère qu'une seule manière d'expliquer cette locution; la voici telle que M. Génin l'a donnée dans ses *Notes sur le Dictionnaire français :* « Je ne puis trouver à cette façon de parler d'autre origine qu'une allusion à la mort de Charlemagne, arrivée au moment de la plus grande puissance d'Occident. Charlemagne garda jusqu'à la fin toutes ses conquêtes, et quitta le jeu de la vie sans avoir rien rendu du fruit de ses victoires. Le joueur qui se retire les mains pleines fait comme Charlemagne, il *fait Charlemagne*. — Le fils du grand empereur n'eut pas autant de bonheur que son père. Louis le Pieux ne fit pas Charlemagne, et ses successeurs pas davantage. C'est justement ce contraste qui a dû donner naissance à cette expression assez poétique. Et elle se présentait naturellement, puisque l'un des quatre rois du jeu de cartes porte le nom de Charlemagne. »

**Vous êtes orfèvre, monsieur Josse.** — Cette phrase, devenue proverbiale, est en usage dans notre langue pour caractériser ces donneurs de conseils qui, au lieu de prendre part à votre position, ne considèrent que leur intérêt personnel. Elle est empruntée à l'*Amour médecin*, comédie de Molière. La fille de Sganarelle est plongée dans une profonde mélancolie, dans une tristesse dont rien ne la peut tirer, et le pauvre père, qui est à bout de moyens, aurait besoin, dit-il, d'un bon conseil sur cette matière. Il consulte donc sa nièce, sa voisine et ses amis sur ce qu'il doit faire. Chacun de ces personnages donne un conseil dicté par son propre intérêt, et l'orfèvre, M. Josse, entre autres, pense qu'une belle garniture de diamants, ou de rubis, ou d'émeraudes, serait la chose la plus capable de réjouir Lucinde. — Malgré son chagrin, Sganarelle n'a pas perdu le sens, et il découvre aisément les secrètes intentions de ses conseilleurs : « Tous ces conseils sont admirables, assurément, mais je les tiens un peu intéressés, et trouve que vous me conseillez fort bien pour vous. — Vous êtes orfèvre, monsieur Josse, et votre conseil sent son homme qui a envie de se défaire de sa marchandise. Vous vendez des tapisseries, monsieur Guillaume, et vous avez la mine d'avoir quelque tenture qui vous incommode, etc., etc. » Le mot : *vous êtes orfèvre*, dit à lui seul toute la pensée de Sganarelle ; il venait là parfaitement à propos, et c'est parce qu'il tombait juste que le bon sens public l'a adopté.

**Couleur Isabelle.** — Couleur jaune clair, participant, comme il est dit dans Trévoux, du blanc, du jaune et de la couleur de chair. Ce mot s'emploie particulièrement en parlant du poil du cheval : *un cheval Isabelle*, ou, absolument, *un Isabelle.*

Cette couleur a, dit-on, pour origine une chemise de l'archiduchesse Isabelle d'Autriche, fille du roi d'Espagne, Philippe II, et d'Élisabeth de France. — Cette chemise, et sa couleur historique, datent du siége d'Ostende, qui dura comme on sait trois ans, trois mois et trois jours. — L'archiduchesse ayant accompagné Albert, son époux, dans ses guerres contre les Hollandais, fut témoin de ce siége fameux. Voyant les efforts infructueux des assiégeants, elle fit le vœu de ne changer de chemise que lorsque Ostende serait prise. Les assiégés résistèrent trois mois encore avant de livrer à Albert ce monceau de cendres qui devait lui coûter plus de cent mille hommes, et ils laissèrent ainsi à la chemise royale le temps de devenir..... *couleur Isabelle.* — Ce genre de jaune fut bientôt à la mode, et l'on porta avec enthousiasme la couleur de la chemise jaunie dans ces héroïques circonstances.

## Notre ennemi, c'est notre maître,
## Je vous le dis en bon français.

Chamfort, et quelques autres avant lui, se sont occupés de savoir pourquoi La Fontaine avait dit :

> Notre ennemi, c'est notre maître,

vers qui exprime cette idée, bien généralement vraie cependant, que nous n'aimons pas ceux qui nous dominent et nous mettent en servitude ; — mais on ne paraît pas avoir songé à se demander le sens du vers suivant :

> Je vous le dis en bon français.

*Parler français, en bon français,* signifie aujourd'hui, dire sa pensée franchement et sans détour ; mais cette expression n'était pas en usage dans ce sens au XVIIe siècle, et La Fontaine n'a pu vouloir exprimer cette idée.

*En bon français* veut dire ici *à la française, à la bonne gauloise.* La Fontaine croyait à cette vieille vérité de son pays, que nous n'aimons ni le joug ni ceux qui nous l'imposent, et il la proclamait *en bon français qu'il était.* Il faisait ainsi allusion à cet ancien proverbe :

> Oncques amour et seigneurerie
> Ne se tinrent compagnie.

**Cape.** — Espèce de manteau à capuchon. Des

étymologistes trop savants ont été chercher bien loin l'origine de ce mot. Il vient, a dit l'un, de *capella* (petite chèvre), parce qu'on employait le poil de chèvre à la fabrication des étoffes servant à faire capes et capuchons; — il vient, a dit un autre, de *capere*, contenir, couvrir entièrement, parce que la cape enveloppe tout le corps de celui qui la porte. Heureusement, un troisième, et quelques honnêtes gens à sa suite, ont pensé qu'il était plus simple de recourir au mot *caput*, et cela nous a beaucoup tranquillisé. Nous aurions été bien contrarié si nous avions dû faire un choix entre ces deux premières étymologies. *Cape, capuchon, capuche,* et tous les mots qui éveillent l'idée des choses qui se rapportent à la tête, tels que *capitaine, chapitre, chapeau, chaperon, capon* [1]*, capot,* ne peuvent avoir d'autre origine raisonnable que le mot *caput.*

La cape, qu'on retrouve encore dans les Pyrénées, n'est plus guère en usage parmi nous, au moins avec son nom, car la mode nous apporte de

---

1. « Philippe le Hardi obligea les Juifs de porter une corne sur la tête. Il leur était défendu de se baigner dans la Seine ; et, quand on les pendait, c'était toujours entre deux chiens. Sous le règne de Philippe le Bel, leur société s'appelait *societas caponum,* et la maison où ils s'assemblaient, *domus societatis caponum,* d'où est venu, sans doute, le mot injurieux *capon.* » (Hurtaut. *Dict. hist. de la ville de Paris.*)

temps en temps des vêtements qui la rappellent ; mais ce nom est resté dans quelques-unes de nos locutions proverbiales, où il fait même assez bonne figure.

*Rire sous cape,* avec malice et en se cachant, comme on cacherait sa tête sous une cape. C'est dans le même sens qu'on dit plus familièrement *rire dans sa barbe.* — L'idée de se cacher attachée au mot *cape* a fait dire, par extension, *sous cape,* des choses qu'on exécute en cachette.

Mais il n'est, comme on dit, pire eau que l'eau qui dort,
Et vous menez, sous cape, un train que je hais fort.
(Molière.)

La cape a été autrefois un manteau de chevalier. C'est pour cela qu'on disait d'un gentilhomme sans fortune, et qu'on dit encore, selon l'Académie, d'un homme qui n'a qu'un mérite apparent et superficiel, *il n'a que la cape et l'épée.*

Les pièces qu'on appelle de *cape et d'épée* sont des comédies de genre et d'intrigues. Cette dénomination nous vient de l'Espagne. Dans le théâtre espagnol, et particulièrement depuis Lope de Vega, on distinguait les comédies en divines et humaines : les unes se subdivisaient en vies des saints et actes sacramentaux ; les autres en comédies héroïques, historiques ou mythologiques, et en comédies de *cape et d'épée* qui représentaient les mœurs élégantes et les manières du jour.

**Frappe, mais écoute.** — Lorsque Xercès, roi de Perse, marcha contre Athènes, il fut décidé que les Lacédémoniens iraient défendre le passage des Thermopyles, et que les Athéniens conduiraient la flotte au détroit d'Artémise. Il s'éleva une contestation entre les Lacédémoniens et les Athéniens au sujet du commandement général de l'armée navale. Thémistocle, qui avait droit à cet honneur, persuada aux Athéniens de ne pas compromettre par ces débats le salut de la Grèce, et ce fut Eurybiade que la prépondérance de Sparte fit nommer. Mais quand Eurybiade voulut partir, et se retirer vers l'isthme, où l'armée de terre des Péloponésiens était rassemblée, Thémistocle s'y opposa. — « Thémistocle, lui dit Eurybiade, dans les jeux publics on châtie ceux qui se lèvent avant d'en avoir reçu l'ordre. » — Cela est vrai, répondit Thémistocle, mais aussi on ne couronne jamais ceux qui restent derrière. » Eurybiade, ayant levé son bâton pour le frapper, — « *Frappe*, lui dit Thémistocle, *mais écoute.* »

**Chien de Jean de Nivelle.** — De tous ceux, hommes ou bêtes, qui s'en vont ou se sau-

vent quand on les appelle, on dit communément :
*C'est le chien de Jean de Nivelle, il s'enfuit
quand on l'appelle.* Cette façon de parler donnerait à penser que Jean de Nivelle avait un chien
révolutionnaire et mal élevé, qui se distinguait
par une désobéissance tellement rare chez notre
compagnon le plus fidèle, qu'elle avait dû faire
événement, et, par suite, devenir proverbiale. —
Il paraît cependant que la vérité n'est pas là. Ce
fameux chien n'est pas un chien, c'est un homme,
c'est Jean de Nivelle lui-même, un très-vilain
homme qui, d'après les renseignements que nous
avons recueillis sur son compte, a bien mérité
l'épithète injurieuse accolée à son nom. On ne
s'entend pas toujours sur les reproches qu'on lui
adresse, mais on est généralement d'accord pour
le traiter de chien. Les uns disent : Jean II, duc
de Montmorency, voyant que la guerre allait se
rallumer entre Louis XI et le duc de Bourgogne,
fit sommer Jean de Nivelle et Louis de Fosseuse
de quitter la Flandre où ils avaient des biens considérables, et de venir servir le roi. Ni l'un ni
l'autre ne comparurent. Leur père irrité les appela *chiens* et les deshérita. — Cette version ne
satisfait pas complétement : on y voit bien que
Jean de Nivelle a été appelé, mais on ne voit pas
précisément qu'il ait fui ; et puis, il y a là son
frère, Louis de Fosseuse, que nous avons laissé

totalement de côté, bien qu'il ait été fait chien aussi par l'indignation paternelle. — Voici maintenant l'opinion la plus accréditée : Jean de Montmorency, seigneur de Nivelle, était d'un caractère très-violent; dans une querelle qu'il eut avec son père, il lui donna un soufflet. Cité pour ce fait devant le parlement, il ne comparut point; en vain, il fut sommé selon l'usage, à son de trompe, « tant plus on l'appelloit, dit un conteur, tant plus il se hastoit de courir et de fuir du costé de la Flandre. » C'est alors, dit-on, que le peuple l'appela *chien de Jean de Nivelle, qui s'enfuit quand on l'appelle.* — Quelques-uns, c'est le petit nombre, vont encore plus loin : ils prétendent que Jean de Nivelle aurait tué son père, et que le remords de son crime lui ayant fait fuir tout le monde, on aurait dit de lui : *Ce chien de Jean de Nivelle, il s'enfuit quand on l'appelle.*

Les personnes pour lesquelles la question du chien n'existe pas, et qui disent simplement : *Il ressemble à Jean de Nivelle, il s'enfuit quand on l'appelle,* expliquent ainsi leur comparaison : en Belgique il y a dans la petite ville de Nivelle, sur l'une des tours latérales de l'église de Sainte-Gertrude, une statue en bronze qui frappe les heures avec un marteau, et qu'on a appelée Jean de Nivelle. Faisant allusion aux heures qui s'enfuient à mesure que Jean semble les appeler avec

son marteau, on a dit d'abord : Il ressemble aux
heures de Jean de Nivelle, qui s'enfuient quand
on les appelle ; et le peuple, qui abrége volontiers
les phrases aux dépens du sens, a fini par dire :
*Il ressemble à Jean de Nivelle qui s'enfuit quand
on l'appelle.*

Ceux enfin qui veulent que le chien de Jean
de Nivelle soit un vrai chien racontent l'histoire
suivante : dans le XIIe siècle, le couvent d'Oi-
gnies (Pas-de-Calais) comptait au nombre de ses
membres un nommé Jean de Nivelles, chanoine
de l'ordre de Saint-Augustin, et ancien doyen de
l'église de Saint-Lambert, à Liége. La goutte lui
ayant paralysé une jambe, on fit venir de France
un médecin renommé qui lui promit sa guérison
s'il voulait s'imposer un repos rigoureux de quatre mois. Jean de Nivelles, ne voulant pas rester
pendant un temps aussi long sans travailler au salut de son prochain, poursuivit sa pieuse mission
en bravant les plus horribles douleurs. Mais bientôt il fut vaincu. « Le bienheureux Jean de Nivelles, dit la légende, était fort malade et s'en
allait mourir. L'extrême fatigue et les austérités
l'avaient tellement endolori que tout bruit un peu
vif, tout mouvement imprévu redoublait son agonie. Ce cruel état durait depuis huit jours lorsqu'on se décida d'écarter de lui son chien qu'il
aimait beaucoup, mais qui, par ses jappements et

sa vivacité, lui causait de fréquents gémissements.
— D'abord on crut qu'il suffirait de le chasser ;
mais l'animal était si importun à revenir, car il
était très-attaché à son maître, qu'il fallut le
mettre hors de la maison et le battre de verges, à
toutes les heures du jour et de la nuit, pour le
tenir éloigné. La première journée, le saint vieillard ne dit rien, mais le lendemain il demanda
son chien ; on lui dit qu'on l'avait éloigné afin de
hâter sa guérison ; et comme il soupirait, on ajouta
qu'il devait supporter cette privation, si c'en était
une pour lui, en esprit de pénitence. Jean gard..
le silence, mais on voyait qu'il en était affligé. Le
troisième jour il demanda encore son chien ; on
lui fit la même réponse, et il se tut tristement
encore. Cependant la maladie faisait de rapides
progrès ; on vit bien que Jean allait mourir. Le
matin du quatrième jour il ne parla plus, mais il
étendit la main pour caresser une dernière fois
son chien fidèle. Un des frères fut touché de com-
passion, et on alla appeler le chien. Ce fut peine
inutile ; on avait battu tant de fois la pauvre bête
pendant trois jours, que, bien qu'il rôdât encore
autour de la maison, il n'osa plus approcher, et,
comme s'il se fût fait en lui une révolution, il
s'enfuyait au contraire à mesure qu'on l'appelait.
Ce manége dura deux jours, autant que la dernière agonie du malheureux Jean de Nivelles. A

l'heure où le maître trépassa, le chien, s'élançant au loin, s'enfuit et ne reparut jamais. »

Cette explication justifie le sens dans lequel La Fontaine paraît avoir entendu le proverbe :

> Une traîtresse voix bien souvent nous appelle;
> Ne vous pressez donc nullement.
> Ce n'était pas un sot, non, non, et croyez-m'en,
> Que le chien de Jean de Nivelle.
>
> (*Le faucon et le chapon.*)

C'est aussi dans ce sens qu'était formulé le proverbe dès le XVIᵉ siècle :

> Le chien de maistre Jean de Nivelle
> S'enfuit toujours quand on l'appelle.

Si l'on se demandait pourquoi *Jean de Nivelle*, fils il est vrai d'un grand chambellan de France, mais personnage peu important par lui-même, est venu jusqu'à nous, enchâssé ainsi dans une locution proverbiale qui n'a pas encore vieilli, il faudrait, croyons-nous, en chercher le motif dans la rime. Nous avons, et nos pères avaient plus que nous encore, un grand faible pour la rime. *Nivelle* rimait avec *appelle*, il n'en fallait pas davantage pour que la phrase fût consacrée. C'est la rime qui a sauvé de l'oubli un très-grand nombre de nos proverbes; mais si elle a contribué à les fixer plus aisément dans les mémoires, elle a eu l'inconvénient aussi de leur donner parfois de bien étranges allures :

Qui art a
Partout part a.

Souvent la rime a fait négliger un peu la raison, et l'on s'est laissé entraîner à donner force de loi à des préceptes qui n'étaient tout au plus que des demi-vérités; souvent aussi, pour sacrifier à cette rime indispensable, on a altéré l'idée ou contourné la phrase d'une façon obscure et bizarre, et le sens n'y a pas toujours gagné. La grammaire elle-même a été sacrifiée quelquefois sur l'autel de la rime.

L'amour, la toux et la fumée
On ne peut pas tenir cachée.

**Malle-poste.** — Le mot *malle*, employé pour désigner spécialement la voiture qui fait le service de la poste aux lettres, est assez singulier. Il semble d'autant plus étrange, que dans la plupart des cas en l'emploie seul : *La malle est arrivée, le courrier de la malle.* Pour se rendre compte de ces expressions, il faut se rappeler qu'autrefois, avant Louis XIV, et même du temps de ce roi, il n'existait guère en France de routes praticables pour les chevaux de poste qu'aux environs de Paris; ailleurs les chemins étaient à peine tracés, et le transport des lettres ne pouvait se faire que dans une malle attachée sur le dos d'un cheval. Cette malle a laissé son nom à la voiture qui l'a remplacée; on appelle même encore *mallier* le cheval d'une chaise de poste.

**Mourir de la mort de Roland**. — Les historiens n'ont parlé qu'une seule fois de Roland, ce prétendu neveu de Charlemagne que les romans du moyen âge ont rendu si fameux; c'est pour dire qu'il périt dans le combat où l'arrière-garde de l'armée de Charlemagne fut attaquée par les Vascons d'Espagne dans les défilés de Ronce-vaux. « Les Gascons s'embusquèrent sur la crête de la montagne qui, par le nombre et l'épaisseur de ses bois, favorisait leurs artifices; de là, se précipitant sur la queue des bagages et sur l'arrière-garde destinée à protéger ce qui la précédait, ils les rejetèrent dans le fond de la vallée, tuèrent, après un combat opiniâtre, tous les hommes jusqu'au dernier, pillèrent les bagages, et, protégés par les ombres de la nuit, qui déjà s'épaississaient, s'éparpillèrent en divers lieux avec une extrême célérité. Les Gascons avaient pour eux dans cet engagement la légèreté de leurs armes; la pesanteur des armes et la difficulté du terrain rendaient au contraire les Francs inférieurs en tout à leurs ennemis. Egghiard, maître-d'hôtel du roi, Auselme, comte du palais, Roland, commandaut des frontières de Bretagne, et plusieurs autres périrent dans cette affaire. » (Eginhard.)

La tradition populaire prétend que Roland sonna du cor avec tant de force, pour appeler à son aide la première moitié de l'armée franque, qu'il se rompit les veines du cou, et que, pour ne pas voir tomber sa bonne épée entre les mains des ennemis, il la lança dans les rochers de la vallée de Roncevaux où elle alla percer la montagne et ouvrir le passage appelé *brèche de Roland.*

Mais au dire de Fleury de Bellingen, Roland s'étant extrêmement échauffé à la bataille de Roncevaux, il aurait été forcé de se retirer de la mêlée pour chercher de l'eau, et, n'en ayant pas trouvé, serait mort de soif. C'est ce qui aurait donné lieu au proverbe : *Mourir de la mort de Roland,* mourir de soif. — D'après les relations qu'on nous a laissées sur le carnage de la journée de Roncevaux, il est difficile d'admettre que Roland ait eu le loisir d'aller chercher à boire, et nous n'oserions pas garantir cette étymologie.

## Revenir à ses moutons. —

Or, laissant tout cecy, retourne à nos moutons,
Muse, et sans varier dy nous quelques sornettes.

*Retourne à nos moutons,* c'est-à-dire reviens à la question, à l'objet qui nous intéresse. Ce proverbe, « si juste et si utile à rappeler parfois aux orateurs, aux professeurs, à tous ceux qui parlent[1], » est pris de la farce de Pathelin. — Le drapier Guillaume a été volé, par l'avocat Pathelin, de six aunes de drap, et par Agnelet, son berger, de six-vingts moutons. Guillaume veut faire pendre son berger. Au moment où il l'accuse devant le juge, il croit reconnaître Pathelin, son voleur de drap, dans l'avocat d'Agnelet. — Préoccupé alors de son drap en même temps que de ses moutons, il fait une confusion plaisante dans ses réponses.

LE JUGE.

Sus, revenons à nos moutons,
Qu'en fut-il ?

LE DRAPIER.

       Il en prit six aunes
De neuf francs.

Le juge se creuse la tête pour comprendre, et il répète toujours à Guillaume de laisser là ce drap et de *revenir à ses moutons.*

----

1. Villemain. *Tableau de la littérature au moyen âge.*

**Chanter pouille.** — *Chanter pouille* à quelqu'un signifie, d'après l'Académie, lui dire des injures, des choses offensantes. — D'où vient cette expression ? Nous nous le demanderions encore si M. Génin ne nous avait donné le choix entre les deux explications suivantes :

« *Pouille*, dit-il, était d'abord la machine que nous écrivons et appelons encore *poulie*. *Chanter pouille* à quelqu'un serait donc l'injurier d'une voix aigre comme le chant d'une poulie qui grince dans sa chape rouillée : Cette harengère a chanté pouille à son mari.

« *Pouille* signifiait aussi une écurie à mettre des chevaux. Nous appelons encore *pouliche* une jeune cavale, ce que nos pères nommaient *poultre*, et un poulain ce qu'ils nommaient un poultrain.

« Alors *chanter pouille* signifierait chanter écurie, c'est-à-dire gourmander brutalement, grossièrement, en style d'écurie ou de palefrenier. »

L'une et l'autre de ces explications paraissent plausibles ; cependant, puisque M. Génin nous laisse le choix, nous optons pour la dernière. Elle a, selon nous, le mérite d'aller plus au fond des choses. La poulie ne rend compte que du ton ; l'écurie explique aussi la chanson. On peut dire des choses très-agréables avec la voix aigre d'une innocente poulie ; on dit grossièrement des choses grossières quand on chante la gamme des palefreniers.

**Réjouissance.** — L'ordonnance de police du 1er octobre 1855, concernant la taxe de la viande de boucherie, porte, art. 7 : « Défenses sont faites aux bouchers de mettre dans la balance et de livrer aux acheteurs des os décharnés ni ce qu'on appelle vulgairement de la *réjouissance*. » — Le mot *réjouissance*, que l'on regarde depuis longtemps comme une amère ironie, a eu sa raison d'être.

En attendant que le rêve de la *poule au pot* pût se réaliser, Henri IV avait voulu que le peuple pût au moins manger du bœuf, et pour cela, il avait décidé, sur la proposition du prévôt des marchands, Myron [1], que, vu le prix extraordinaire de la viande, les morceaux de qualité inférieure seraient vendus sans os. On stipula en même temps, pour que les marchands n'eussent point à souffrir de cette mesure, que ces os seraient ajoutés, dans la vente, à tous les morceaux de qualité supérieure, à ceux qu'on appellerait aujourd'hui la première catégorie. Ces fameux os devenaient donc ainsi une charge de moins pour les pauvres et

1. Myron qui a si bien mérité que Montesquieu dit de lui que son âme était celle de tout le peuple.

une charge de plus pour les riches ; à ce double titre, ils devaient être pour le peuple un motif de *réjouissance*. C'est de là que le nom leur est resté.

**Turlupinade**. — Cette expression sert à caractériser ces sottes plaisanteries, ces jeux de mots et ces quolibets insipides qui ont rendu ridicules tant de gens peut-être spirituels et qui défraient depuis trop longtemps les conversations à la mode. « Mais, à propos d'extravagants, ne voulez-vous pas me défaire de votre marquis incommode ? Pensez-vous me le laisser toujours sur les bras, et que je puisse durer à ses turlupinades perpétuelles. » (Molière.)

*Turlupinade* doit son origine au nom de *Turlupin* sous lequel était connu Henri Legrand, acteur du XVIᵉ siècle, qui s'était fait une renommée dans les rôles plaisants et facétieux. Faire une plaisanterie à la façon de *Turlupin*, c'est faire une *turlupinade*.

Le mot *Turlupin* n'était pas nouveau à cette époque ; il avait servi à désigner, au XIIIᵉ et au XIVᵉ siècle les hérétiques de la fraternité des pauvres, et c'est probablement au souvenir laissé par ces misérables que Legrand aura dû son surnom. On a dit que *Turlupin* était venu de *tire-lupins*, les lupins étant des pois-chiches, nourriture ordinaire des pauvres. « Rabelais, dit Le Duchat, écrivait beaucoup de mots suivant l'origine qu'il leur donnait. Persuadé que les *turlupins* de l'an 1372 avaient été ainsi nommés, parce qu'à la manière des cyniques auxquels on les comparait, il semblait qu'ils vécussent de *lupins* tirés par ci par là, il prit droit d'écrire *tire-lupins* pour *turlupins*. »

**A la queue leu leu.** — *Leu* est un vieux mot français qui se disait pour *loup*. « Le mot *leu* se dit encore en Picardie et en d'autres lieux, au même sens. On dit encore populairement, c'est un vieux *leu*, pour signifier un maître-homme, un homme fin, rusé. C'est encore de là qu'on surnomma autrefois *Pel de leu* un noble nommé Raoul, parce qu'il portait une veste de peau de loup. » (*Dict. de Trévoux.*) Les loups marchent à la suite les uns des autres ; *marcher à la queue leu leu* signifie donc marcher à la file, l'un derrière l'autre. Les petites filles qui jouent *à la queue leu leu* défilent en se tenant par la robe.

Le loup figure dans un grand nombre de nos expressions proverbiales. Nous citerons parmi les plus usitées :

Entre chien et loup. — Le loup ressemble beaucoup au chien ; il a la même forme ; la même silhouette ; dans l'ombre, on ne les dis-

tinguerait pas. C'est pour cela que cette locution sert à désigner le moment du crépuscule,
le moment où l'on n'aperçoit pas assez bien les
objets pour pouvoir distinguer un chien d'un
loup.

**Brebis comptées, le loup les mange.** —
Les précautions excessives ne nous mettent pas à
l'abri du danger. Selon nous, ce proverbe dit
même quelque chose de plus; il exprime qu'on
est trompé dans le moment même où l'on vient
de prendre ses précautions pour ne l'être pas:
c'est quand l'avare vient de compter son or qu'on
le lui vole; c'est quand la ronde vient de passer
que les malfaiteurs font leurs coups.

**Les loups ne se mangent pas.** — Les méchants s'entendent, ils ne s'attaquent pas entre
eux. Si le loup n'était pas de tous les animaux celui qui mérite le mieux d'être comparé au méchant, on ne s'expliquerait pas pourquoi, dans
cette phrase, on a donné les loups pour exemple.
Il est acquis à la science, en effet, que les loups
se dévorent entre eux plus volontiers que tous les
autres animaux. Écoutez plutôt Buffon : « Il (le
chien) l'abandonne pour servir de pâture au corbeau et même aux autres loups; car ils s'entre-
dévorent, et lorsqu'un loup est grièvement blessé,
les autres le suivent au sang et s'attroupent pour
l'achever. » Et plus loin : « Plusieurs mâles sui-

vent la même femelle[1], et cet attroupement est encore plus sanguinaire que le premier ; car ils se la disputent cruellement ; ils grondent, ils frémissent, ils se battent, ils se déchirent, et il arrive souvent qu'ils mettent en pièce celui d'entre eux qu'elle a préféré. Ordinairement elle fuit longtemps, lasse tous ses soupirants, et se dérobe, pendant qu'ils dorment, avec le plus alerte ou le mieux aimé[1]. » Et plus loin encore : « Sa chaire est si mauvaise qu'elle répugne à tous les animaux, et il n'y a que le loup qui mange volontiers du loup. »

Buffon ne dit pas, il est vrai, que les loups pressés par la faim s'attaquent entre eux ; ils cherchent d'ordinaire d'autres proies, des meilleures

1. Ces lignes semblent avoir été inspirées à Buffon par ce passage de Pasquier : « Phébus, comte de Foix, dans le livre qu'il a fait de la chasse, remarque que quand la louve devient amoureuse elle est aussitôt accompagnée du premier loup qui la rencontre, lequel la suit. Le second qui y vient se tient derrière le premier, et ainsi de tous ceux qui y accourent, tellement que de queue en queue ils font une grande traînée de loups. La louve les meine sans s'arrester, jusqu'à ce qu'étant tous las elle commence à se reposer, et à son exemple les autres loups aussy qui s'endorment. Pendant leur sommeil la louve s'adresse au pire de la troupe qui est celui qui le premier l'a suivie ; après elle s'en va laissant ce loup qui s'endort aussitôt ; les autres à leur réveil, estonnez de l'absence de la louve, reconnoissant au nez celuy qui leur a été préféré, se jettent sur lui et le dévorent. »

sans doute, et une victoire plus facile. Ils ont peur de leurs pareils et en cela ils ressemblent fort bien aux méchants. Dans ce sens, le proverbe est exact, mais alors il eût fallu l'expliquer autrement qu'on ne l'a fait : les méchants s'épargnent entre eux. Ce n'est pas pour s'épargner qu'ils ne s'attaquent point, c'est parce qu'ils n'osent pas.

**Colonnes d'Hercule.** — Le détroit de Gibraltar se nommait autrefois détroit d'Hercule (*Heracleum fretum*) parce que, selon la Fable, ce héros ayant pénétré dans ses expéditions jusqu'à Cadix[1] et croyant avoir atteint les bornes du monde, voulut mettre en communication l'Océan et la Méditerranée. Il sépara à cet effet les montagnes de Calpé (en Espagne) et d'Abyla (en Afrique) et y éleva deux colonnes destinées à perpétuer sa gloire, sur lesquelles il grava l'inscription : *Nec plus ultra*, on ne peut aller au delà. Ce sont ces deux colonnes ou plutôt ces deux montagnes qu'on appelle aujourd'hui *les Colonnes d'Hercule.*

**Faire le Rodomont.** — Faire le brave, se

1. L'antique *Gaddis* dont Strabon attribue la fondation aux Phéniciens, et qui fut appelée *Gadès* par les Grecs et les Romains.

vanter de ses exploits pour imposer aux autres. *Rodomont* est synonyme de fanfaron, homme qui chante lui-même ses louanges et célèbre sa propre gloire. Fanfaron vient de fanfare, bruit ou concert d'instruments militaires. « Le mot, dit Ménage, est pur espagnol et il est originairement arabe, où il signifie un homme léger et hableur qui promet plus qu'il ne peut tenir. » — Quant à *Rodomont*, il est aussi d'origine arabe. C'est un roi d'Alger, « brave mais altier et insolent, » que le comte de Boiardo dans *Roland l'amoureux*, et l'Arioste dans *Roland le furieux*, ont rendu populaire. — C'est le personnage de ces deux romans qui a fait appeler *rodomonts* les hommes qui veulent se faire valoir et se faire craindre.

Le comte de Boiardo cherchait depuis longtemps un nom qui caractérisât un guerrier redoutable, lorsque, pendant une partie de chasse, celui de Rodomont lui vint à la pensée. Il en fut si satisfait que, retournant aussitôt à son château, il fit sonner les cloches et tirer le canon en signe de réjouissance, comme pour la fête d'un saint, « au grand étonnement de ses paysans, dit Sismondi, auquel ce nouveau saint n'était point encore connu. » — Presque tous les noms de son roman *Orlando inna-morato*, tels que Gradasse, Sacripan, Agramant, Mondricard, sont empruntés aux guerriers maures ou chrétiens dont les noms sont devenus célèbres.

Boiardo avait retrouvé ces noms dans son fief de Scandiano où les familles s'étaient conservées.

**Chercher midi à quatorze heures. —** Chercher les choses où elles ne sont pas, aller au-delà, se créer des difficultés, se donner plus de peine qu'il ne faut. Les mots *quatorze heures*, qui ne s'expliquent pas d'eux-mêmes dans ce proverbe, puisque notre cadran n'a pas de chiffre plus élevé que douze, nous viennent de l'Italie où l'usage est de compter par vingt-quatre heures, d'un soleil à un autre, au lieu de séparer en deux séries de douze heures, comme nous le faisons, l'espace de chaque jour.

> Vous qui vivez dans ces demeures,
> Etes-vous bien ? tenez-vous-y,
> Et n'allez-pas chercher midi
> A quatorze heures.
> ( Voltaire. — *Poésies mêlées.*)

*La rue du Cherche-Midi* doit son nom à un cadran près duquel on avait peint des gens qui cherchaient midi à quatorze heures.

**Que diable allait-il faire dans cette galère ?—** Parlez d'un homme qui s'est mis dans un mauvais cas par une fausse démarche ou qui s'est mal trouvé d'avoir été là où il n'avait rien à faire, et vous entendrez dire sur-le-champ : *Mais que diable allait-il faire dans cette galère ?* ou plus simplement, si la situation n'est pas trop grave et qu'elle comporte une réflexion plutôt qu'une critique : *Qu'allait-il faire dans cette galère ?* — S'il était possible qu'on n'eût pas lu Molière, cette exclamation aurait à peine un sens ; mais il n'arrive jamais qu'elle soit prononcée sans réveiller dans l'esprit de ceux qui l'entendent une des plus charmantes scènes des *Fourberies de Scapin.* Géronte est avare, il n'a rien de plus précieux au monde que son argent, et Scapin veut lui arracher cinq cents écus pour lui racheter son fils Léandre qui, à l'entendre, a été pris sur une galère turque. Le malheureux Géronte est au supplice, il ne peut comprendre qu'on aille se promener sur une galère ; possédé de cette idée, il répète huit fois de suite ces mots dont l'effet comique va toujours en augmentant : *Mais que diable allait-il faire dans cette galère ?* Rien de plus amusant et de plus caractéristique à la fois que cette exclamation toujours si bien amenée et si heureusement dite. Cyrano de Bergerac avait déjà fait une scène analogue dans le *Pédant joué* (acte 2, scène 4), mais il ne lui avait pas donné cette allure vive et naturelle qui en fait, dans les *Fourberies,* un trait de caractère.

**Se donner des gants**. — Il était d'usage, chez les Espagnols, de donner des gants, ou plutôt pour des gants (*paraguantes*) à ceux qui apportaient les premiers une bonne nouvelle. Cet usage s'étant introduit chez nous au XVII<sup>e</sup> siècle, le mot espagnol même nous a été transmis, et pendant longtemps il a eu cours : « En un mot, il se regarde comme le collègue du duc de Lerme ; et, dans le fond, on dirait qu'il partage avec lui l'autorité de premier ministre, puisqu'il fait donner des charges et des gouvernements à qui bon lui semble. Le public en murmure souvent, mais c'est de quoi il ne se met guère en peine : pourvu qu'il tire des paraguantes d'une affaire, il se soucie fort peu des épilogueurs. » (Le Sage. — *Gilblas.*) — On le voit par cet exemple, la *paraguante* avait pris aussi de l'extension ; elle était devenue synonyme de gratification, de profit, et elle ne s'appliquait plus exclusivement aux porteurs de bonnes nouvelles.

La *paraguante* a disparu, les gants sont restés, au moins comme image : on n'en donne plus, mais on en parle toujours. *Vous n'en aurez pas les gants* se dit à ceux qui apportent une nouvelle déjà connue, ou qui trouvent, pour résoudre une difficulté, des moyens, des expédients qu'on avait proposés avant eux. Les expressions figurées *se donner les gants de quelque chose, se donner des gants,* qui s'emploient dans le sens de s'attribuer le mérite ou la gloire d'une chose qu'on n'a pas faite, veulent dire littéralement et ironiquement que personne ne nous ayant récompensés, nous nous sommes sans doute donné à nous-mêmes ces gants que nous prétendons avoir mérités.

**Prendre la mouche.** — Le mot *mouche* rappelant ici l'idée de *piquer,* on comprend très-bien le rôle qu'il joue dans cette expression proverbiale. Ceux qui prennent la mouche, se *piquent,* se fâchent aisément. — Pour expliquer le mot *prendre,* qui ne semble pas aussi bien à sa place, M. Génin fait remarquer avec raison que ce verbe est souvent employé dans le sens de *être pris de, contracter.* Il cite pour exemple les locutions : *il a pris un rhume, il a pris froid, il a pris la fièvre.* « De même, dit-il, celui qui prend la mouche la reçoit, est pris, piqué par elle. »

**Orthographe de Voltaire.** — On nomme ainsi la substitution de *ai* à *oi* dans un certain nombre de substantifs et dans l'imparfait et le conditionnel des verbes. C'est Voltaire, en effet, qui, en adoptant cette orthographe, l'a populari-sée et l'a fait passer dans notre langue. Il pensait que l'orthographe doit se rapprocher autant que possible de la prononciation; à ses yeux, c'est une incongruité d'écrire *emploieroient, octroie-roient* quand on prononce *emploiraient, octroi-raient.* « L'écriture, dit-il, est la peinture de la voix ; plus elle est ressemblante, meilleure elle est. » Autrefois, les mots en *oi* se prononçaient comme ils s'écrivaient, et alors l'incongruité que signale Voltaire n'existait pas. Plus tard, à la cour de Médicis, notre langue s'est italianisée ; on a voulu adoucir les sons qui paraissaient trop rudes à l'oreille, et c'est de là en réalité que date cette transformation qui se fit dans la prononciation d'abord,

> Quand l'argent est meslé l'on ne peut reconnoistre
> Celui du serviteur d'avec celui du maistre.
>
> ( Regnier.)

et ensuite dans l'orthographe.

Laurent Joubert, le fameux médecin de Henri III, et l'auteur d'un *Dialogue sur la cacographie française,* est l'inventeur de la nouvelle orthographe. « Laurent Joubert, dit Charles Nodier dans ses *Notions élémentaires de linguistique,* est en effet le premier néographe qui se soit avisé de substituer le diagramme *ai* à la diphthongue *oi* dans l'orthographe de notre nom national. Certains princes d'Allemagne lui ayant donné charge d'essayer à leur faire comprendre exactement le langage fransais ( je prie le lecteur d'être bien per-

suadé que c'est Laurent Joubert qui parle et écrit).
« Pour ce, continue-t-il, j'ay méprisé tous livres
« écris en fransais, et me suis contraint d'ap-
« prandre le langage an conversant familièrement
« avec ceus qui parlet mieus, observant trae soi-
« gneusement la vraye prolacion. De laquelle
« m'étant bien assuré, j'ai commencé d'exprimer
« par écrit le naïf parler du Fransais. » Cette prononciation niaisement italianisée, née de l'impuis-
sance à la cour italienne des Valois, et propagée
dans la province par un sot esprit d'imitation,
n'avait pas encore gagné les grammairiens. Il appartenait au médecin du roi d'en faire les honneurs, qui étaient réservés, en dernier ressort, à
un de ses gentilshommes. »

On cite, après Laurent Joubert, le grammairien
Honorat Rambaut et l'avocat Bérain, qui ont aussi
tenté d'introduire dans l'orthographe le changement dont nous nous occupons.

Racine paraît être le premier, parmi les grands
écrivains, qui ait substitué *ai* à *oi* dans les personnes des verbes : « La catastrophe de ma pièce,
dit-il en parlant de *la Thébaïde*, est peut-être
un peu trop sanglante; en effet, il n'y *paraît*
presque pas un acteur qui ne meure à la fin. »

Ainsi, l'orthographe dite de Voltaire n'a pas été
inventée par lui; elle remonte au XVIe siècle, et
elle a fait un pas dans le XVIIe sous l'autorité de

Racine ; mais si Voltaire n'en est que l'Améric Vespuce, c'est lui incontestablement qui l'a fait prévaloir sur l'ancienne orthographe.

Il est à remarquer que, par horreur sans doute de tout ce qui vient de Voltaire, la plupart des membres du haut clergé ont conservé l'usage de la diphthongue *oi* dans l'imparfait et le conditionnel des verbes. Quelques-uns de nos écrivains ont fait de même : Châteaubriand et Nodier sont de ce nombre.

**Guelfes et Gibelins.** — Ces deux mots, qui ont servi à désigner tant d'agitations et de querelles [1], sont restés particulièrement attachés dans l'histoire aux partisans du pape (les Guelfes), et aux partisans de l'empereur (les Gibelins), pendant les luttes intestines de l'Italie au XIII° siècle. Les dénominations de *Guelfes* et de *Gibelins* sont les noms, « modifiés par une traduction conforme aux analogies de la langue italienne » de

---

1. « Ces deux mots magiques, Guelfes et Gibelins, passèrent par quatre significations successives. L'Italie les emprunta aux querelles domestiques de l'Allemagne. Ils s'attachèrent aux défenseurs du sacerdoce et de l'empire ; se réduisirent ensuite à un rôle plus humble dans la lutte des communes contre le système féodal, et descendirent enfin jusqu'à désigner les imprudents alliés de la domination étrangère. Malheureusement pour la Péninsule, cette dernière acception fut la plus durable. » (Ozanam. *Dante et la philosophie catholique au XIII° siècle.*)

*Welf* et de *Weibling*, les deux puissantes maisons qui divisaient l'Allemagne au XIIe siècle, et qui prirent parti, l'une pour le sacerdoce et l'autre pour l'empire, quand Welf II eut épousé la comtesse Mathilde, bienfaitrice de l'Église, — et que le mariage de Henri VI avec Constance eut fait entrer dans la maison des Hoenstauffen ou *Weiblingen*, la couronne de Sicile.

Il arrive quelquefois qu'on se demande, dans cette complication d'événements où se trouvent mêlés les Guelfes et les Gibelins, quels sont les partisans du Saint-Siége, et quels sont ceux de l'empire. Aux personnes qui auraient éprouvé ces hésitations, nous rappellerons qu'il existe un moyen mnémonique de fixer les souvenirs à cet égard : *les Guelfes*, comme le *pape* dont ils étaient les défenseurs, ont deux syllabes ; les *Gibelins* et *l'empereur* en ont trois.

### La cour du roi Pétaud. —

> Oui, je sors de chez vous fort mal édifiée :
> Dans toutes mes leçons j'y suis contrariée ;
> On n'y respecte rien, chacun y parle haut,
> Et c'est tout justement *la cour du roi Pétaud*.
> (Molière. — *Le Tartufe*. Acte II, scène I.)

Le mot Pétaud nous vient, selon toute apparence, des anciennes corporations de gueux dont le chef, ou roi [1], était désigné par dérision sous le nom de *Peto* (mot latin qui signifie je demande). Ce gueux, le plus gueux de tous peut-être, devait, en qualité de roi, commander dans sa cour, présider dans le conseil, et le peu de pouvoir qu'il avait sur ses sujets, a fait comparer à la cour du roi Pétaud les maisons et les assemblées où tout le monde commande. Ce pauvre roi n'avait ni sonnette, ni chapeau sans doute pour se faire respecter dans ces réunions indisciplinées ; en se rappelant combien il a été parfois difficile, à certains présidents, de maintenir l'ordre dans de graves assemblées, on s'explique ce que pouvait être, au milieu de ces gueux, l'autorité du roi Pétaud.

Parmi les diverses origines qu'on a cherchées à ce mot, celle-ci nous paraît la plus vraisemblable. On lui a reproché de n'être pas satisfaisante pour l'orthographe ; mais c'est un tort si fréquent en pareille occasion, qu'il ne faudrait croire qu'à bien

---

1. Autrefois, le mot roi ne se disait pas exclusivement du souverain. Il signifiait aussi le premier, le principal ; ainsi les chefs des corporations étaient appelés rois : il y avait le roi des merciers, le roi des ménétriers, le roi de la bazoche, etc. Il y avait aussi le roi des arbalétriers, le roi de l'arquebuse et beaucoup d'autres de ce genre. C'est depuis Henri III que cette dénomination n'est plus en usage ; il défendit, par un édit, qu'aucun de ses sujets prît la qualité de roi.

peu d'étymologies si l'on voulait se montrer rigoureux sur ce point. On sait ce que le temps et l'u-
sage ont fait subir de transformations à un grand
nombre de mots.

Nous consignerons cependant une opinion assez
accréditée et qu'ont adoptée les auteurs du *Magasin pittoresque* et ceux de la *Bibliothèque de poche :*
« Les Pétauds, disent-ils, étaient autrefois une
certaine espèce de soldats, de fantassins dont le
nom venait probablement du mot latin *pes,* pied.
Il en est question dans Froissard. Or, comme il y
avait en France, à cette époque, force *routiers et
grandes compagnies,* c'est-à-dire force troupes de
brigands, composées sans doute en grande partie
de ces fantassins, qui, à la paix, n'avaient plus
rien à faire ni à manger, pétaud et brigand devinrent synonymes. »

De pétaud on a fait *pétaudière* pour signifier
une assemblée confuse, en désordre, où chacun
fait le maître.

**Cercle de Popilius.** — *Tracer le cercle de
Popilius* veut dire mettre quelqu'un en demeure
de répondre d'une manière positive, de prendre
un parti, de se prononcer catégoriquement. —
C'est une allusion au fameux cercle du consul
Caïus Popilius. Antiochus Épiphane, roi de Syrie,
faisait le siége d'Alexandrie ; les Romains, alliés

des Égyptiens, députèrent auprès de lui le consul Popilius. Comme le roi ne répondait que d'une manière évasive à l'envoyé des Romains, ce dernier traça un cercle autour de lui, et lui défendit d'en sortir avant d'avoir donné une réponse décisive ou de paix ou de guerre. Cette action hardie intimida Antiochus, et le siége fut levé.

Ainsi fit Charles le Téméraire à Péronne en apprenant la révolte excitée à Liége par des agents de Louis XI : il enferma le roi dans le château de Péronne, et ne lui rendit la liberté que lorsque celui-ci eut accepté la condition humiliante de se joindre à Charles pour réprimer la sédition des Liégeois.

Le honteux traité de Madrid que signa François 1er est sorti du cercle de Popilius dans lequel Charles-Quint avait enfermé son rival après la défaite de Pavie.

L'amiral Duquesne mit aussi les Génois dans le cercle de Popilius lorsqu'il les menaça de détruire leur ville si le doge et les principaux sénateurs n'allaient se jeter aux pieds de Louis XIV.

Le roi du grand siècle eut aussi son tour. Les conditions que lui imposèrent Eugène, Malborough et Heinius après les désastres de Hoschaedt, de Ramillies, de Turin et d'Oudenarde, l'obligeaient à faire lui-même la guerre à son petit-fils, et il dut, pour échapper à cette clause humiliante, continuer une guerre qui ruinait et désolait la France.

Mais nous n'en finirions pas, l'histoire est une chaîne dont presque tous les anneaux sont des cercles de Popilius.

**Anguilles de Melun.** — On dit proverbialement de quelqu'un qui s'épouvante sans raison ou qui crie avant d'avoir aucun mal : *Il ressemble aux anguilles de Melun, il crie avant qu'on l'écorche.*

Dieu a accordé la parole, manifestée d'une manière plus ou moins intelligible à presque tous les animaux, il l'a refusée aux poissons. Les poissons souffrent et sont heureux en silence. Quand on les torture, soit à la pêche, soit à la cuisine, ils expriment leurs douleurs par des contractions parfois très-violentes, mais ils restent muets. L'oiseau chante, le lion rugit, le serpent siffle, le poisson s'agite et se tait. L'anguille donc ne crie pas, même à Melun, même quand on l'écorche, et à plus forte raison quand on ne l'écorche pas. L'anguille de notre proverbe n'est donc pas une anguille. On prétend que c'est un habitant de Melun, chargé, dans le temps des mystères, de représenter le personnage de saint Barthélemy, qui, comme on sait, fut écorché vif. Soit qu'il n'eût pas toute la force d'âme nécessaire pour jouer un pareil rôle, soit qu'il ne fût pas à la réplique, ce Melunois, nommé Languille, se serait mis à crier bien avant qu'il fût question de lui faire subir son supplice. C'est ainsi qu'il aurait laissé son nom aux gens qui crient d'avance, qui se plaignent avant de souffrir ou s'effraient avant le danger.

**Les délices de Capoue**, — de l'ancienne, bien entendu. Cette capitale de la Campanie qui fut fondée, dit-on, par Capys, compagnon d'Énée, et détruite par les Lombards dans le VII<sup>e</sup> siècle, était la seconde ville de l'Italie. —Annibal devait-il, après la victoire de Cannes, profiter de la déroute des Romains pour marcher droit à Rome ? Voilà une question que l'on a beaucoup agitée. Qu'on se rassure, nous ne la reprendrons pas ; nous nous bornerons à constater que si Annibal était parti avec l'espoir de déjeuner quelques jours après au Capitole, il aurait pu être trompé dans son attente. Capoue, elle, ne faisait aucune résistance, elle ouvrait ses portes au vainqueur, et il était plus sûr de déjeuner là. Annibal passa l'hiver entier dans cette ville pleine alors d'opulence et de séductions ; son armée s'y amollit, se laissa corrompre par les vins fameux et les jouissances faciles, et c'est ainsi que nous avons eu les *délices de Capoue.*

**Lorette.** — Le mot *lorette* éveille tout à la fois l'idée d'une des célèbres églises de l'Italie et celle d'une femme qui se nourrit de truffes, de crevettes et de champagne, et qui négocie son cœur pour du papier. Explication : il y a dans les États-Romains, à cinq lieues d'Ancône, sur une montagne et non loin des bords de la mer Adriatique, une ville de 6,000 habitants environ qui a nom *Lorette*. Cette ville renferme une riche et magnifique église dédiée à la Vierge ; cette église renferme une chapelle de Nazareth, objet des pèlerinages de toutes les parties de la chrétienté, et, à son tour, cette chapelle renferme une statue de la Vierge ornée de pierreries. De 1824 à 1836, une nouvelle église a été construite dans le faubourg Montmartre à Paris, et en souvenir des saintes choses de la *sancta-casa* des Italiens, elle a été appelée *Notre-Dame-de-Lorette*. Un quartier nouveau qui s'est formé autour de cette église a reçu le nom de quartier *Lorette;* une population presque exclusivement composée de femmes belles, jeunes et faciles est venue s'y grouper, et les élégantes du quartier Notre-Dame-de-Lorette ont été bientôt désignées, par abréviation, sous le nom de *lorettes*. C'est ainsi que d'une église dédiée à la Vierge ces dames ont reçu le baptême. Le mot de *lorette* est si bien aujourd'hui un mot de notre langue, il sert à représenter si clairement une classe toute particulière de notre société, que les idées sont entièrement déplacées. Ce nom, célèbre dans l'histoire de la chrétienté, ne rappelle plus qu'à l'esprit d'un petit nombre la Vierge, la chapelle de Nazareth et les pieux pèlerinages. Si dans quelque cent ans, quand les lorettes auront porté leur réputation et leur industrie sur tous les points du globe, des curieux s'avisent de rechercher l'origine première de leur nom, ils ne seront pas médiocrement surpris du rapprochement.

Si nous ne pouvons pas dire quel est celui qui, le premier, a prononcé, en parlant de certaines femmes, le mot *lorette*, nous ne devons pas taire le nom de l'artiste qui l'a popularisé. Est-il permis de parler des lorettes sans citer Gavarni, leur spirituel historien? Avec son intelligente habileté et sa rare finesse d'observation, il a peint leur splendeur et leur misère, comme Balzac avait fait des courtisanes, et, certes, le crayon de l'artiste n'est pas resté au-dessous de la plume de l'écrivain.

**Bucéphale.** — Le cheval d'Alexandre, dont le nom nous sert à désigner les chevaux de parade, et aussi, par ironie, ceux qu'on appelle vulgairement des rosses, occupe une des premières places dans l'histoire des chevaux célèbres.

« Un Thessalien, nommé Philonicus, amena un jour à Philippe un cheval qu'il voulait vendre 13 talents : on descendit dans la plaine pour l'essayer, mais on le trouva difficile, farouche, et impossible à manier ; il ne souffrait pas que personne le montât ; il ne pouvait supporter la voix d'aucun des écuyers de Philippe, et se cabrait contre tous ceux qui voulaient l'approcher. Philippe mécontent, et croyant qu'un cheval si sauvage ne pourrait jamais être dompté, ordonna qu'on l'emmenât. Alexandre, qui était présent, ne put s'empêcher de dire : « Quel cheval ils perdent là par leur inexpérience et leur timidité ! » Philippe, qui l'entendit, ne dit rien d'abord ; mais Alexandre ayant répété plusieurs fois la même chose, et témoigné sa peine de ce qu'on renvoyait le cheval, Philippe lui dit enfin : « Tu blâmes des gens plus âgés que toi, comme si tu étais plus habile qu'eux et que tu fusses plus capable de conduire ce cheval. — Sans doute, reprit Alexandre, je le conduirais mieux qu'eux. — Mais si tu n'en viens pas à bout, quelle sera la peine de ta présomption ? — Je payerai le prix du cheval, repartit Alexandre. Cette réponse fit rire tout le monde ; et Philippe convint avec son fils que celui qui perdrait payerait les 13 talents. — Alexandre s'approche du cheval, prend les rênes, et lui tourne la tête en face du soleil, parce qu'il avait apparemment observé qu'il était effarouché par son ombre, qui tombait devant lui et suivait tous ses mouvements. Tant qu'il le vit souffler de colère, il le flatta doucement de la voix et de la main; ensuite, laissant couler son manteau à terre, d'un saut léger il s'élança sur le cheval avec la plus grande facilité. D'abord il lui tint la bride serrée sans le frapper ni le harceler; mais quand il vit que sa férocité était diminuée et qu'il ne demandait plus qu'à courir, il baissa la main, lui parla d'une voix plus rude, et, lui appuyant les talons, il le poussa à toute bride. Philippe et toute sa cour, saisis d'une frayeur mortelle, gardaient un profond silence; mais quand on le vit tourner bride, et ramener le cheval avec autant de joie que d'assurance, tous les spectateurs le couvrirent de leurs applaudissements. Philippe en versa des larmes de joie, et lorsque Alexandre fut descendu de cheval, il le serra étroitement dans ses bras: « Mon fils, lui dit-il, cherche ailleurs un royaume qui soit digne de toi; la Macédoine ne peut te suffire [1]. »

S'il faut en croire les auteurs latins, Bucéphale se laissait conduire sans difficulté, lorsqu'il n'avait point de selle, par l'écuyer qui en prenait soin; mais une fois revêtu de son harnais, il ne souffrait pas qu'un autre qu'Alexandre le montât, et aussitôt qu'il voyait ce prince, il pliait le genou pour le recevoir.

---

1. Plutarque, *Vies des hommes illustres*. Trad. Ricard.

Alexandre ne quitta plus Bucéphale. —Lorsque les barbares de l'Hyrcanie l'eurent enlevé à ceux qui le conduisaient, Alexandre leur envoya un héraut, et les fit menacer, s'ils ne lui rendaient pas son cheval, de les passer tous au fil de l'épée, avec leurs femmes et leurs enfants. Les barbares, en le lui ramenant, lui livrèrent toutes leurs villes ; Alexandre les traita avec beaucoup de douceur, et paya la rançon de son cheval à ceux qui l'avaient pris.

Selon les uns, Bucéphale mourut après la bataille contre Porus, à la suite des blessures qu'il avait reçues. Selon d'autres, il serait mort de vieillesse ; il avait alors trente ans. — Quelques-uns prétendent même qu'il fut tué sur le champ de bataille par le fils de Porus ; on ajoute qu'il emporta son maître hors de la mêlée, et qu'il tomba mort après l'avoir mis en sûreté. Quoi qu'il en soit, Alexandre le regretta vivement. En mémoire de ce fidèle compagnon, il bâtit sur les bords de l'Hydaspe, et dans le même lieu où il fut enterré, une ville qu'il appela de son nom *Bucéphalie*, et que l'on croit être aujourd'hui celle de Lahore.

Le cheval de César n'était pas, comme celui d'Alexandre, marqué de la tête d'un bœuf; mais, si l'on en croit Suétone, il se distinguait aussi par des particularités très-remarquables : il avait des pieds qui rappelaient la forme humaine, et dont le sabot fendu offrait l'apparence de doigts. Ce cheval était né dans sa maison, et les aruspices avaient promis l'empire du monde à son maître; aussi l'éleva-t-il avec grand soin. César fut le premier, le seul, qui dompta la fierté rebelle de ce coursier. César ne donna pas une ville à son cheval pour mausolée, mais il lui érigea une statue devant le temple de Vénus Génitrix.

On ne saurait parler des chevaux célèbres sans citer Incitatus, l'heureux favori de Caligula. On sait que la veille des courses du Cirque, Caligula envoyait des soldats commander le silence dans tout le voisinage, afin que le repos de son cheval ne fût point troublé. Il lui fit faire une écurie de marbre, une auge d'ivoire, des couvertures de pourpre, des colliers de perles; il lui donna une maison complète, des esclaves, des meubles, enfin tout ce qu'il fallait pour que ceux qu'on invitait, en son nom, à venir manger chez lui, fussent traités magnifiquement. On a dit même que Caligula lui destinait le consulat.

**Le bon billet qu'a La Châtre!** — Mesdames, quand M. Legouvé, dans une épître à votre adresse, ose vous dire

> Que vous prenez parfois pour tracer vos serments
> La plume dont Ninon écrivait à La Châtre,

il vous calomnie d'abord, et il fait ensuite allusion

à un mot devenu proverbe dont on a peut-être trop abusé dans ces derniers temps.

Nous revenons aux proverbes avec une véritable rage ; nous n'avons pas tort ; seulement, nous ferions bien de choisir les bons. « Les beaux proverbes bien appliqués, dit Henri Estienne, ornent le langage de ceux qui, d'ailleurs, sont bien emparlés. » Qu'on répète donc tous les jours, si l'on veut, ceux qui donnent un bon conseil ou qui rappellent une parole utile, mais qu'on ne dise pas à chaque instant : *Le bon billet qu'a La Châtre.* — C'est quelquefois offensant pour vous, mesdames, et c'est toujours de mauvais goût.

Vous connaissez sans doute l'anecdote qui a donné naissance à cette expression tant répétée. Pour le cas cependant où elle ne serait pas venue jusqu'à vous, la voici en deux mots : — Le marquis de La Châtre aimait tendrement Ninon. Obligé, par un voyage, de la quitter pendant quelque temps, il s'était demandé si, pendant l'absence, Ninon l'aimerait toujours. Nous ne savons quelle idée le marquis se faisait de l'amour et de la fidélité d'une fille d'Ève, mais il voulut, pour mettre fin à ses anxiétés, que Ninon s'engageât, par écrit, à lui rester fidèle. Ninon signa, le marquis partit, et... Ninon qui n'aimait pas les entr'actes [1] oublia bien-

----

1. Une liaison de cœur est la pièce où les actes sont les plus courts et les entr'actes les plus longs. (Ninon de Lenclos.)

tôt promesse et signature. Comme il était un peu tard quand son billet lui revint en mémoire, elle ne put s'empêcher de s'écrier : *Ah! le bon billet qu'a La Châtre !*

C'est depuis ce temps ou plutôt depuis cette histoire, que le mot est passé dans la langue. Ayez dans les mains un billet sans valeur, un engagement peu sérieux, et l'on dira pour caractériser votre situation : *Le bon billet qu'a La Châtre !*

**Ote-toi de mon soleil.** — C'était à Corinthe, Alexandre venait d'être nommé chef de l'expédition contre les Perses, et, un grand nombre d'hommes d'État et de philosophes étant venus le féliciter de cette élection, Alexandre se flattait que Diogène viendrait aussi le visiter. Diogène, qui se souciait fort peu d'Alexandre, ne se dérangea pas, et ce fut le roi qui alla voir le cynique. Alexandre le trouva couché au soleil ; après l'avoir salué, il lui demanda s'il désirait quelque chose : « Oui, lui répondit Diogène, *ôte-toi un peu de mon soleil.* » Alexandre, frappé de cette réponse et du mépris que Diogène lui témoignait, admira sa grandeur d'âme, et comme ses officiers, en s'en retournant, se moquaient de Diogène : « Pour moi, leur dit-il, si je n'étais pas Alexandre, je voudrais être Diogène. »

**Faire ripaille.** — On pense généralement que ce mot est venu du singulier genre de macération que s'imposa Amédée VIII, surnommé le Pacifique et le Salomon de son siècle, lorsqu'il se retira au prieuré de Ripaille après avoir fait ériger la Savoie en duché. Lui et ceux des seigneurs de sa cour qui l'avaient suivi étaient venus là pour se faire ermites, mais il n'en avaient guère que le nom, car ils négligèrent complétement, pendant tout le temps de leur résidence, de se livrer aux austérités du cloître. « Tous ceux qui étaient admis dans ce séjour de plaisirs, disent les biographes, étaient logés avec magnificence; les mets les plus exquis couvraient leur table; ils vivaient plus en honnêtes épicuriens qu'en véritables ermites. Ils portaient néanmoins ce nom, parce qu'ils avaient exclu les femmes de leur société et qu'ils laissaient croître leur barbe comme les capucins. Leur habit était moins rude que celui de ces religieux; c'était un drap gris très-fin, un bonnet d'écarlate, une ceinture d'or et une croix au cou de la même matière. Amédée jouissait d'un repos voluptueux dans cette maison de délices, lorsque les Pères du concile de Bâle lui donnèrent la tiare l'an 1439, et l'opposèrent à Eugène IV. Le cardinal d'Arles fut député pour lui apprendre son élection. Amédée vint au-devant de lui avec ses ermites et ses domestiques, et consen-

tit à être pape après avoir témoigné quelques re-
grets de quitter son ermitage. » — C'est ainsi que
les repas trop peu frugals du prieuré où s'était
retiré le duc de Savoie aurait donné naissance à
l'expression *faire ripaille*, vivre à la façon des
ermites de Ripaille, faire bonne chère, mener
joyeuse vie.

**Roi d'Yvetot.** — Pour qu'il ait été question
du roi et même du royaume d'Yvetot dès Louis XI ;
pour que Jean Baucher ait été qualifié de roi sous
Charles VIII ; pour que François I<sup>er</sup> ait appelé *reine*
la dame du lieu ; pour que Henri IV ait dit le mot
connu : Ventre saint-gris, si je perds le royaume
de France, je veux être au moins roi d'Yvetot ;
enfin, pour que Béranger ait fait sa jolie chanson,
il faut absolument qu'il y ait eu un roi d'Yvetot.
Cependant, si l'on retrouve un peu partout des
traces, nulle part on ne découvre d'origine : on
paraît ne savoir ni quand ni comment s'est formée
cette petite royauté. On se borne à répéter, en
attendant mieux, une histoire qui n'a aucune apparence de vérité, et qui, de plus, remonte aux
temps mérovingiens. Nous la recommandons aux
personnes qui croient aux remords de Clotaire. —
Le seigneur d'Yvetot, Waltier (aujourd'hui Gauthier), était très-aimé de Clotaire. On réussit à le
perdre dans l'esprit du roi et il fut obligé de fuir.

Lorsqu'il revint à Soissons dans l'espoir de rentrer en grâce auprès de son maître, il était muni de lettres du pape; il profita, pour se présenter, du moment où le roi était dans la cathédrale, le vendredi saint. Mais Clotaire, en le voyant, oublia l'exemple du Sauveur; il tira son épée et la lui plongea dans le cœur. On ajoute que les remords et le pape Agapet obligèrent le roi à expier son crime; c'est alors qu'il aurait érigé la seigneurie d'Yvetot en royaume pour les héritiers et les successeurs de Gauthier.

**Point de quartier**. — *Point de quartier* et les expressions analogues : *ne point donner de quartier, se battre sans quartier* ont pour origine la convention faite entre les Hollandais et les Espagnols de payer la rançon d'un officier ou d'un soldat d'un quartier de sa solde. Quand on voulait retenir un prisonnier ou le mettre à mort, on refusait la rançon qui devait payer sa délivrance, on le traitait *sans quartier*. C'est ainsi que la locution *ne point faire de quartier* a voulu dire ne faire aucune concession, agir avec la plus extrême rigueur.

**Comme en revenant de Pontoise.** — Voilà une phrase qui est depuis bien longtemps dans la bouche de tout le monde. A quelle époque a-t-elle pris naissance? Comment s'est-elle glissée dans notre langage familier? Est-ce à la faveur d'un événement historique ou d'un dicton purement local? Telles sont les questions que nous nous sommes adressées et auxquelles il ne nous est pas possible de répondre avec certitude. L'opinion la plus accréditée, celle qui se retrouve partout, fait remonter à la féodalité l'origine de cette expression. Il y avait, dit-on, dans la ville de Pontoise, un seigneur farouche et soupçonneux qui soumettait à un interrogatoire sévère les voyageurs égarés sur son territoire. Ceux d'entre eux qui n'étaient point retenus prisonniers revenaient très-effrayés des menaces qui leur avaient été faites; on reconnaissait à leur consternation qu'ils revenaient de Pontoise, et c'est de là que serait venue l'habitude de dire des gens à la mine piteuse : *Ils ont l'air de revenir de Pontoise.* Cette explication ne rend pas exactement compte de l'emploi que l'on fait de la même locution pour exprimer qu'on a l'air niais, qu'on n'est au courant de rien ; elle ne donne pas raison non plus de la phrase *faire une chose comme en revenant de Pontoise,* phrase usitée fréquemment pour indiquer faire mal, sans énergie ou sans goût. Peut-être, au reste, le sens s'est-il étendu ou un peu détourné et les deux expressions doivent-elles réellement leur origine à l'histoire du tyran de Pontoise. Il est à regretter, dans ce cas, qu'on ne nous ait transmis ni le nom de ce tyran, ni l'époque exacte où il vivait. — A ceux que cette origine féodale ne satisferait pas, nous offrirons l'histoire de la prise de Pontoise par les Anglais (le 29 juillet 1419). Les pauvres habitants de Pontoise furent mis alors dans le plus piteux état, et il ne serait pas impossible qu'ils eussent donné lieu, dans cette circonstance, aux expressions qui nous occupent. « Les habitants de tout sexe, de tout état, dans le plus grand désordre, pleurant sur la ruine et le pillage de leurs maisons, sur la mort violente de leurs amis, de leurs parents s'enfuirent du côté de Paris, et se présentèrent à la porte de Saint-Denis. De cette troupe de fugitifs, les uns étaient blessés et les autres dépouillés ; on voyait des femmes porter leurs enfants dans leurs bras ou dans des hottes, la plupart étaient sans chaperon ou n'avaient qu'un simple corset ; quelques-uns étaient en chemise. On y remarquait des prêtres qui n'étaient vêtus que d'une chemise et d'un surplis par dessus. Tous se lamentaient et criaient : *Nous sommes de Pontoise ! cette ville a été prise ce matin par les Anglais, et à midi nous avons été réduits au désespoir ; nous sommes comme gens exilés et demandant notre pain.* La chaleur était excessive : ces malheureux en étaient accablés et de plus pressés par la faim. Plusieurs femmes grosses accouchèrent dans le chemin et moururent misérablement. Les Parisiens, quoique manquant de vivres, accueillirent ces malheureux. Ils s'étonnèrent de ce que le roi et le duc de Bourgogne, étant à Saint-Denis avec une bonne troupe de gendarmes, lors de la prise de Pontoise, s'enfuyaient du côté opposé, vers Charenton et Lagny [1]. »

**Bonne renommée vaut mieux que ceinture dorée.** — La ceinture, ce ruban qui semble destiné à fermer la robe des femmes, a dû être autrefois le signe de la pudeur, la gardienne de la chasteté. Nous en trouvons une preuve dans cette *ceinture de vierge* que portaient les jeunes filles en Grèce et à Rome et que le mari dénouait lui-même le jour de ses noces. En devenant un objet de toilette, un élément essentiel du costume féminin, la ceinture perdit insensiblement sa signification morale : les femmes qui avaient conservé intact l'antique *nœud d'Hercule* n'eurent plus de marque distinctive. C'est alors sans doute que s'introduisit la mode des ceintures d'orfévrerie. En adoptant ce bouclier plus expressif de leur vertu, les femmes de bien voulaient rétablir, par un signe visible, la distance qui existait entre elles et une certaine classe de la société. Mais la mode devint bientôt générale, tout le

1. Dulaure, *Histoire des environs de Paris.*

monde porta des ceintures dorées, et il ne fallut rien moins qu'un arrêt du parlement [1] pour les interdire aux femmes de mauvaise vie ; ce qui a fait dire depuis à Etienne Pasquier : « La défense de porter la ceinture était autrefois une tache d'i-gnominie. » — Pour faire exécuter de tels arrêts, il faut mieux qu'un parlement, il faut une police, et sous Charles VI il y en avait peu. La défense ne fut donc pas observée. A cette époque, les filles folles n'étaient pas encore des filles soumises. Malgré les réclamations de la vertu, malgré les foudres d'un nouvel arrêt (1446), la ceinture do-rée reparut partout. On finit par en prendre son parti en se disant sagement qu'une bonne réputa-tion vaut mieux que ce signe apparent et souvent

1. Cet arrêt, daté de juin 1420, défendait aussi à ces femmes de porter la robe à collet renversé, la queue et les boutonnières à leurs chaperons. — Selon quelques-uns, cette défense remonte-rait au commencement du XIIIe siècle, c'est-à-dire deux siècles plus haut, et elle avait pour point de départ l'anecdote suivante : « C'était, dit-on, la coutume de se donner mutuellement à l'E-glise le baiser de paix, quand le prêtre qui disait la messe avait prononcé ces paroles : Que la paix du Seigneur soit toujours avec vous ! — La reine Blanche, épouse de Louis VIII, ayant reçu ce baiser de paix, le rendit à une fille publique, dont l'ha-billement annonçait qu'elle était mariée et d'une condition hon-nête. La reine, offensée de la méprise, obtint une ordonnance qui défendait à ces sortes de personnes, dont le nombre était alors très-considérable, de porter des robes à queue, à collets renversés, et avec une ceinture dorée. »

menteur de la vertu et que « peu était, comme dit Pasquier, la ceinture dorée qui ne l'accompagnait d'un bon bruit. » C'est de ce raisonnement qu'est sorti le proverbe : *Bonne renommée vaut mieux que ceinture dorée.*

Cette explication nous éloigne un peu de notre proverbe, dans le sens où on l'entend aujourd'hui. Selon l'Académie, il signifie : il vaut mieux avoir l'estime publique que d'être riche. C'est en l'interprétant ainsi qu'on a prétendu qu'il était textuellement dans les proverbes de Salomon, où l'on trouve cette maxime aussi vieille que la morale : « La bonne réputation vaut mieux que la richesse, » mais où il n'est fait aucune allusion à la ceinture et surtout à la ceinture dorée.

Ceux qui pensent que *ceinture dorée* veut dire *richesse* donnent pour origine au proverbe cette large ceinture qui autrefois servait de bourse et qui, par suite, était le symbole des biens.

Il y a enfin la version de Fleury de Bellingen : « Nos premiers rois, dit-il, donnoient à leurs sujets de haute qualité, un baudrier, c'est-à-dire une ceinture d'or qui estoit une des marques de chevalerie. Grégoire de Tours rapporte plusieurs exemples sur ce sujet... d'où notre ancien proverbe tire son origine :

« Bonne et commune renommée
« Vaut mieux que ceinture dorée. »

**Fruits secs.** — Nous pensions être amené

logiquement, naturellement même à l'explication des *fruits secs* ainsi entendus par les idées qui se rattachent aux phrases consacrées : — *travailler sans fruit ; fruits mûrs, desséchés ; ne porter aucun fruit,* et les proverbes qui en dépendent ; mais les apparences nous auraient trompé. Ces mots nés au sein de l'Ecole polytechnique ont eu pour berceau l'histoire suivante qui a été racontée à M. Génin par un ancien élève de cette école : « Il y avait alors à l'école (il s'agit d'une des premières promotions) un élève venu d'une des provinces du Midi, où son père faisait en grand le commerce des fruits secs. Ce jeune homme, dont la vocation n'était pas du côté des mathématiques, travaillait peu ou ne travaillait pas du tout. Et quand ses camarades essayaient de le stimuler par la crainte de manquer ses examens et de perdre sa carrière, il répondait d'un ton insouciant et avec son accent provençal ; « Eh ! qu'est-ce que cela me fait ! Eh bien ! je serai dans les fruits secs, comme mon père ! » Ce mot, obstinément répété, fit fortune ; le jeune homme fut effectivement dans les fruits secs, et depuis on a dit par allusion et par euphémisme, un tel sera dans les fruits secs ; — il a été *fruits secs ;* — c'est un *fruits secs* de l'École polytechnique (et non *fruit sec* au singulier) [1]. »

1. Génin, *Notes sur le Dictionnaire français.*

Cette expression, qui s'est d'abord appliquée exclusivement aux élèves de l'École polytechnique et de l'École normale qui avaient manqué leurs examens de sortie, s'est bientôt étendue aux élèves de toutes les écoles, et elle sert à qualifier aujourd'hui tous ceux qui échouent.

**Cordon bleu.** — L'ordre du Saint-Esprit, institué par Henri III en 1578 et réuni par ce roi à l'ordre de Saint-Michel que Louis XI avait créé en 1469, n'était pas, comme tant d'autres qui sont venus depuis, un ordre banal auquel chacun pouvait prétendre. Il ne comptait que cent membres (87 chevaliers, 9 commandeurs et 4 grands officiers du royaume). Le roi était le grand-maître de l'Ordre; le dauphin, les fils et petits-fils de France, chevaliers de droit, étaient reçus à l'époque de leur première communion, ainsi que les princes du sang; les princes étrangers devaient avoir 25 ans, les ducs et les gentilshommes, 35, et l'on n'était admissible, en tout cas, que si l'on avait au moins trois générations de noblesse paternelle. Le cordon auquel était attaché la croix de l'Ordre était bleu; il se portait en sautoir de l'épaule gauche au côté droit, et les chevaliers étaient communément désignés sous le nom de *cordons bleus*[1].

1. Nous nous rappelons à ce propos une anecdote que ra-

On appellait de même *cordons rouges* les commandeurs de l'ordre de Saint-Louis. *Le cordon bleu* étant une distinction toute particulière, réservée à un petit nombre parmi ceux qui occupaient un rang très-élevé dans la société, on prit l'habitude de donner, par comparaison, le nom de *cordon bleu* aux personnes d'un mérite supérieur : *le cordon bleu d'une communauté ; — c'est notre cordon bleu.*

> L'argent d'un cordon bleu n'est pas d'autre façon
> Que celui d'un fripier ou d'un aide à maçon.
>
> (Regnier.)

Cette comparaison fit si bien son chemin qu'elle alla sans encombre jusqu'à la cuisine : les célébrités dans l'art de Vatel et de Carême étaient aussi des *cordons bleus.* Ce qu'il y a de plaisant, c'est que cette dernière comparaison est la seule qui soit restée dans la langue. L'ordre du Saint-Esprit a

conte M^me de Bawr dans ses *Souvenirs* en parlant de l'aristarque Martin : « Il était d'une grande force aux échecs, dit-elle, et regardait jouer quand il ne jouait pas lui-même. Il arriva une fois qu'une vive discussion s'étant élevée entre deux joueurs sur la prise d'une pièce, la galerie appela M. Martin pour qu'il jugeât le coup. Un des adversaires voyant s'approcher le petit homme, dont il ne pensait pas être connu, crut devoir entr'ouvrir négligemment sa redingote pour laisser voir un cordon bleu. La chose expliquée, Martin regarde le grand seigneur : Vous avez tort, monsieur le duc, dit-il, reboutonnez-vous.

été aboli à la révolution, rétabli par la restauration,
et aboli de nouveau en 1830 ; toutes les dignités
comme toutes les idées qui se rattachaient à cet Ordre ont disparu avec lui ; le cordon bleu, relégué
dans la défroque des illustres aïeux, appartient à
l'histoire, et il ne sert plus dans notre langage figuré à rappeler un grand mérite ou un grand nom ;
il n'y a plus maintenant d'autre *cordon bleu* qu'une
bonne cuisinière. Seule la cuisinière a résisté ; elle
est demeurée seule debout au milieu des caprices
et des fluctuations de la politique. Rien de plus
juste, au reste : on peut abolir, selon les temps ou
le bon plaisir des hommes, les hochets de la vanité,
on n'abolit pas la cuisine.

Voilà d'où descendent les grands noms en passant
par les grands hommes pour aboutir aux petites
choses. Il y a trois siècles, le grand maître des
cordons bleus était Sa Majesté le roi de France
Henri III ; aujourd'hui, c'est mademoiselle Mar-
guerite. C'est un trait à ajouter à l'histoire de nos
grandes puérilités et de l'instabilité des choses de
ce monde.

**La foi du charbonnier**. — La foi simple
et naïve qui croît sans discuter. Le charbonnier
dont il s'agit ici, c'est celui qui travaille à faire le
charbon, c'est-à-dire celui qui passe une bonne
partie de sa vie au milieu des bois. Continuelle-

ment en présence du spectacle de la nature où tout parle de la grandeur et de la bonté de Dieu, cet homme n'a pas besoin, pour croire, des enseignements et des discussions de la théologie ; il croit simplement, avec son cœur, et il apprend ainsi à ne pas douter.

Selon Fleury de Bellingen, ce proverbe aurait pour origine le conte suivant. « Un charbonnier estant enquis par le diable de ce qu'il croyoit, luy respondit : Toujours je crois ce que l'Eglise croit. » — « Et, ajoutent les auteurs de Trévoux, étant pressé par le même esprit de lui dire ce que croyait l'Église, il répliqua : Elle croit ce que je crois. Et ayant toujours persévéré dans les mêmes réponses, il rendit le diable confus. » — M. Drelincourt a dit là-dessus que c'était quelque pauvre jeune diable qui n'était pas des plus fins ; parce qu'autrement il aurait demandé au charbonnier : Qu'est-ce que toi et l'Église croyez ? Et alors le charbonnier n'aurait su que répondre. La raillerie de ce ministre calviniste est fade ; car en supposant que l'histoire qui a fondé le proverbe soit véritable, *le charbonnier* était très-sage de ne répondre qu'en général au diable qui voulait l'embarrasser, et lui faire perdre sa foi. »

**Fier. comme Artaban.** — Le héros de cette locution est Artaban V, roi des Parthes, le dernier descendant d'Arsace. A l'issue d'un combat acharné contre les Romains, il obtint un traité de paix qui lui laissa tous les honneurs de la guerre. Il fut si fier de ce succès, qu'il prit le double diadème et le titre de Grand Roi.

Peut-être cette expression, au lieu de dater des Parthes et de nous venir directement de l'histoire, a-t-elle pris naissance à l'époque du grand succès de *Cyrus,* roman où M<sup>lle</sup> de Scudery fait jouer un rôle à ce même Artaban.

On dit aussi dans le même sens, *Fier comme un Écossais*, par allusion aux archers de la garde écossaise formée par Louis XI. — Cette garde était la plus ancienne des quatre compagnies qui composaient la garde du corps des rois de France, et tous ceux qui en faisaient partie, désignés sous le nom d'Écossais, étaient fiers de l'ancienneté de leur origine.

**Le diamant le Régent.** — Le Régent est le nom d'un diamant de la couronne qui vaut, dit-on, cinq millions. Le duc de Saint-Simon nous a donné, dans ses *Mémoires*, des détails sur les circonstances dans lesquelles ce diamant est parvenu, après quelques passes assez difficiles, à monter sur le trône de France : « Un employé aux mines de diamants dans le Mogol, en prit un d'une grosseur prodigieuse, qu'il vint à bout de cacher en se l'introduisant dans le fondement. Il arriva en Europe avec le vol précieux qu'il avait fait. Il le fit voir à plusieurs princes de différentes cours, qui tous l'admirèrent, mais le trouvèrent en même temps au-dessus de leurs facultés pécuniaires. Le Régent de France fut lui-même effrayé du prix lorsque Law, à qui le propriétaire l'avait présenté, le présenta à son tour à S. A. R... Le Régent opposait la fâcheuse situation des finances. Mais ce qui encourageait le directeur général, c'était l'impossibilité où se trouvait le propriétaire de le vendre sa valeur. C'est ce qu'il lui représenta pour le déterminer à en baisser le prix, et ce qu'il représenta au Régent pour l'engager à faire une offre. On se rapprocha. On offrit deux millions et les rognures qui sortiraient de la taille. Les conditions furent acceptées; et ce diamant qui, après la taille, pesait encore plus de 500 grains, fut acquis à la France. C'est de là qu'il fut appelé *le Régent.* »

**Fourches caudines.** — Cette expression doit son origine à un épisode des guerres sanglantes entre les Romains et les Samnites. — Vers l'an de Rome 433, les Samnites ayant été vaincus, demandèrent la paix. On la leur refusa. Irrités de ce refus, ils résolurent de mourir ou de se venger. Ils eurent recours à un stratagème pour attirer les Romains dans un chemin étroit passant entre des rocs à pic des Apennins, couronné de forêts sombres et situé dans la Campanie, près de l'ancienne *Caudium* (ce lieu s'appelle aujourd'hui *Valle Caudina* ou *Stretta di Arpaia*). Dès que les Romains furent engagés dans ce défilé, les Samnites fermèrent les issues, et, occupant toutes les hauteurs, ils raillèrent l'armée romaine sur l'inutilité de ses efforts pour se livrer passage. Les Romains furent obligés de se rendre à discrétion et de passer sous le joug, sorte de gibet qu'on appelait *Fourche*. C'est en souvenir du lieu où les Romains éprouvèrent cet affront qu'on a dit que les Samnites les avaient fait passer sous les *Fourches caudines*, et que l'expression a pris place dans la langue pour caractériser toute concession onéreuse ou humiliante arrachée au vaincu. Le général obligé de faire une capitulation peu honorable et le souverain qui accepte un traité honteux passent sous les *Fourches caudines*.

**La coqueluche du quartier.** — Être engoué de quelqu'un ou très-prévenu en sa faveur, c'est, en style familier, en être entêté, coiffé, embéguiné [1]. — L'expression *être la coqueluche de la cour, de la ville, du quartier,* qui signifie être

---

1 De béguin, petite coiffe de toile.

en vogue, très à la mode doit s'entendre dans le même sens. « *Il est la coqueluche de toutes les femmes*, toutes les femmes sont coiffées de lui. » (Académie.)— « Si à votre âge vous êtes si vif et si impétueux, quel nom, Théobalde, fallait-il vous donner dans votre jeunesse et lorsque vous étiez *la coqueluche ou l'entêtement* de certaines femmes qui ne juraient que par vous et sur votre parole, qui disaient: Cela est délicieux, qu'a-t-il dit ? » (La Bruyère.)

Le *coqueluchon* ou la *coqueluche* était une sorte de capuchon que tout le monde a porté à une certaine époque, et qui paraît avoir donné son nom à la maladie que nous désignons encore ainsi, car ceux qui en étaient attaqués portaient une *coqueluche* ou capuchon de moine pour se tenir chaudement.

A l'époque où la maladie fut générale [1], l'usage de la *coqueluche* se répandit beaucoup. Le capuchon devint une sorte de mode, surtout pour les

---

1. « Nous vîmes en l'an 1557, en plein été, s'élever par quatre jours entiers un rhume qui fut presque commun à tous, par le moyen duquel le nez distillait sans cesse comme une fontaine, avec un grand mal de tête, et une fièvre qui durait aux uns douze et aux autres quinze heures, que plus, que moins: puis soudain, sans œuvre de médecin, on était guéri : laquelle maladie fut depuis, par un nouveau terme, appelée par nous *coqueluche*. Il me souvient, il est vrai, que lorsque MM. Mangot, de Monte-

femmes, et c'est ainsi qu'on a été amené à appeler *la coqueluche du quartier* l'homme que toutes les femmes ont en tête.

**Manger de la vache enragée.** — Éprouver de grandes privations, une grande misère, se procurer péniblement les ressources les plus indispensables à la vie. Les jeunes gens qui se laissent nourrir par leur famille et qui, peu soucieux du lendemain, s'abandonnent à la mollesse, auraient souvent besoin de *manger de la vache enragée.*

Il est défendu de manger de la chair des animaux atteints d'épizootie ou mordus par un chien enragé. Les pauvres, privés de tout, ne tiennent pas toujours compte de cette défense, et pour manger de la viande, ils mangent même de la *vache enragée.* — Ce n'est pas sans raison que dans ce proverbe on a dit *vache* et non pas *bœuf :* les pauvres et les gens de la campagne ne mangent presque jamais autre chose que de la vache.

lon, Béchet, avocats, et moi, ayant sous divers personnages à plaider une cause aux généraux des aides, concernant le diocèse d'Autun, nous fûmes inopinément surpris de cette fluxion et toux, de telle façon que, pour ce jour et deux ensuivants, nous eûmes surséance d'armes. » (Etienne Pasquier. — *Recherches de la France.*) — Cette maladie avait déjà régné en 1510, et reparut avec les mêmes symptômes en 1577.

Ce proverbe se dit aussi, par extension, des épreuves de tout genre qui, dans le cours de la vie, doivent fortifier l'esprit ou grandir le courage. « O tendres mères, défiez-vous des méthodes faciles ; les méthodes faciles font les cerveaux paresseux, les cerveaux paresseux font les sots ; aimez vos enfants, accablez-les de caresses, gâtez-les, donnez-leur mille douces jouissances, mais ne supprimez point pour eux les difficultés de la vie ; surveillez-les beaucoup, ne les aidez pas trop, empêchez-les de se casser le cou, mais laissez-les se casser la tête contre tous les obstacles de l'étude ; laissez-les se tourmenter, se décourager, se tromper, s'interroger, se juger, se tromper encore, s'exercer enfin ; épargnez-leur tous les chagrins du cœur, si vous le voulez, si vous le pouvez, mais ne leur épargnez jamais les angoisses de l'intelligence ; bourrez-les de friandises, de gâteaux, de dragées, de confitures, mais ne supprimez jamais de leur ordinaire ce mets généreux qui donne la force et le courage, ce plat merveilleux qui change les ingénus en Ulysses, et les poltrons en Achilles, cette ambroisie amère qui fait les demi-dieux, cet aliment suprême dont se nourrissent dès l'enfance les grands industriels, les grands guerriers et les grands génies : la vache enragée.

« Si vous interrogiez l'histoire gastronomique des hommes célèbres de notre époque... vous seriez étonnés de la consommation effrayante que ces illustres personnages ont faite de ce bétail privilégié. Un vieux professeur disait qu'un homme qui n'avait point mangé de la vache enragée n'était qu'une poule mouillée. L'image est un peu tourmentée : un homme qui ne sera jamais qu'une poule, parce qu'il n'a pas mangé une vache, c'est assez mauvais comme style, mais comme pensée, c'est bien profond.

« Servez souvent ce méchant plat sur la table de la famille, ou, si quelqu'un vient l'y poser malgré vous, ayez du moins le courage de ne pas le faire emporter. » (M^me Émile de Girardin.)

**Malheur aux vaincus ! — Les oies du Capitole.** — Les Gaulois avaient vaincu les Romains dans la fameuse journée d'Allia. Ils étaient entrés dans Rome abandonnée ; ils avaient pillé, saccagé, incendié la ville ; ils avaient tout massacré sans distinction d'âge ni de sexe, et n'avaient trouvé de résistance qu'au Capitole où les Romains s'étaient fortifiés. Les Gaulois firent donc le blocus du Capitole. Mais le siége traînait en longueur, depuis plus de six mois les assiégeants étaient immobiles au pied de la forteresse, et pendant ce temps une violente épidémie s'était déclarée. Les Romains, de leur côté, pressés de plus en plus par la faim, commençaient à perdre courage. On fit des propositions d'accommodement ; Sulpicius, l'un des tribuns militaires, s'aboucha avec Brennus, le général des Gaulois. Ils convinrent que les Romains payeraient mille livres d'or, et que les Gaulois sortiraient de Rome. Ces conditions acceptées, les Gaulois usèrent de tous les moyens pour tromper leurs ennemis : ils se servirent de faux poids, ils firent ouvertement pencher la balance, et Brennus enfin jeta dans le plateau son épée et son baudrier. Quand Sulpicius demanda ce que cela voulait dire, le général gaulois répondit : « Eh ! quelle autre chose sinon *malheur aux vaincus !* — C'est alors que survint le dictateur Camille. Il reprit l'or et ordonna aux Gaulois de se retirer en leur disant ; « La coutume des Romains est de racheter leur patrie avec le fer et non pas avec l'or. »

Un mot, à propos de ce siége fameux, sur

### L'aquatique animal sauveur du Capitole.

Camille qui avait été choisi par les Romains pour prendre le commandement ne voulait l'accepter qu'autant que leur choix aurait été ratifié par les citoyens renfermés dans le Capitole. Mais comment arriver au Capitole tant que les ennemis occuperaient la ville ? — Pontius Cominius s'offrit pour cette mission périlleuse. Ce jeune Romain, à force de prudence et d'énergie, parvint à tromper la vigilance des ennemis, et fut assez heureux pour

remporter la nomination de Camille comme dictateur. Mais Pontius, qui avait dû gravir un rocher
très-escarpé, avait laissé des traces de son passage.
Les herbes couchées et la terre éboulée en plusieurs
endroits montrèrent aux Gaulois qu'il y avait un
chemin accessible pour conduire au Capitole. Ils
se mirent en devoir au milieu de la nuit de profiter
de cette découverte. Ils étaient sur le point de se
rendre maîtres des retranchements, car personne
ne les avait entendus, lorsque les oies sacrées
qu'on entretenait dans le Capitole, près du temple
de Junon, coururent aux Gaulois avec de grands
cris et en un instant réveillèrent tous les Romains.
— Plutarque fait remarquer que les oies ont l'ouïe
très-fine, que celles du Capitole étaient assez mal
nourries depuis le siége, et qu'elles s'effrayèrent
d'autant plus facilement à l'approche des Gaulois,
que la faim les tenait éveillées.

C'est en mémoire de cette action mémorable
que les oies étaient promenées en triomphe tous
les ans dans la ville de Rome.

**Poisson d'Avril.** — L'origine de l'attrape,
du *piége innocent* connu sous ce nom est assez souvent attribuée à l'histoire suivante : François, duc
de Lorraine, que Louis XIII retenait prisonnier au
château de Nancy, parvint à se sauver, le 1ᵉʳ avril,
en traversant la rivière à la nage ; — ce qui fit dire

aux Lorrains que c'était un poisson qu'on leur avait donné à garder [1].

Il faut beaucoup de bonne volonté pour admettre cette origine. Ce duc de Lorraine, prisonnier de Louis XIII, n'est guère connu dans l'histoire : le roi d'Yvetot, sous ce rapport, lui rendrait des points. On n'a jamais parlé de sa singulière évasion que pour expliquer le *poisson d'Avril*, et il est difficile de croire que la facétie fût devenue populaire dans presque toute l'Europe si elle n'avait eu d'autre cause que cette fuite à travers la Meurthe.

Ceux qui ont ainsi pensé ont été demander des raisons à une source beaucoup plus généralement connue. Ils ont prétendu que les plaisanteries du 1er avril étaient une allusion aux démarches ironiques que l'on fit faire à Jésus-Christ, au commencement d'avril, en le renvoyant d'Anne à Caïphe, de Caïphe à Pilate, de Pilate à Hérode, et d'Hérode à Pilate. On a complété cette explication en ajoutant que le mot *poisson* dont on ne voit pas encore

1. Suivant quelques-uns, le duc de Lorraine n'aurait pas fait naître le poisson d'Avril, il en aurait profité. Il se serait échappé déguisé en paysan à la faveur de cette plaisanterie. Une personne aurait prévenu le factionnaire, le factionnaire l'officier, l'officier le gouverneur, mais la crainte du poisson d'Avril aurait fait hésiter chacun, et le prince aurait eu le temps d'échapper aux recherches.

la signification était une corruption du mot *Passion*.

Ainsi le *poisson d'Avril* serait une parodie de la Passion de Jésus-Christ. Si cette origine est la vraie, ce que rien ne nous autorise à garantir, nous ne comprenons pas comment les sottes plaisanteries du 1er avril ont pu s'établir parmi les chrétiens.

**Rire sardonique.** — Rire convulsif, mortel, et, au figuré, rire forcé, rire de Satan. — Il y a en Sardaigne une espèce de renoncule appelée *sardonie* qui contracte de telle sorte les muscles de ceux qui en ont mangé que les lèvres se retirent et que les malades semblent rire en mourant. — Cette explication, généralement admise, n'est pas celle qu'a donné M<sup>me</sup> Dacier dans sa traduction de l'*Odyssée :* « On appelait ris sardonien, dit-elle, un rire forcé qui cachait une douleur intérieure et l'on donne plusieurs raisons de ce nom. La plus vraisemblable est celle que l'on tire de l'ancienne coutume des habitants de l'île de Sardaigne. On prétend qu'il y avait une certaine fête de l'année où ils immolaient non-seulement leurs prisonniers de guerre, mais aussi les vieillards qui passaient soixante ans, et ces malheureux étaient obligés de rire à cette horrible cérémonie; d'où l'on a appelé ris sardonien tout ris qui ne passe pas le bout des lèvres, et qui cache une douleur véritable. »

**Paniers**. — Les paniers, on le sait, sont des jupons auxquels étaient fixés plusieurs étages de cercles en fer d'abord (c'était l'enfance de l'art), puis en bois et enfin en baleine. — Destinés à suppléer à l'insuffisance bien constatée des jupons ordinaires, les paniers avaient le double mérite de donner aux dames du XVIIIe siècle de fortes hanches, et, par opposition, des tailles extrêmement fines. Dans ce bienheureux temps des paniers, c'était comme aujourd'hui : toutes les femmes étaient bien faites, car toutes étaient dans le cas des femmes qui écrivent leurs mémoires, et qui, comme Melle de Launay, ne se montrent qu'en buste.

Nous avons dit *bien faites* pour parler avec les mots de tout le monde, mais nous ferons nos réserves. On a beaucoup exagéré le mérite des tailles de guêpes ; avoir quelques centimètres de circonférence à la taille et plusieurs mètres un peu plus bas, c'est une beauté que nous apprécions peu. Une femme dont le buste ne tient que par un fil au reste du corps, nous inspire un sentiment pénible, et elle s'éloigne trop de la nature pour être à nos yeux une femme bien faite. Mais..... « Pourquoi Mme de ***, qui est jeune et belle, s'environne-t-elle d'ombre comme une vieille coquette fanée ? — Pour vous paraître toujours blonde. — Elle n'est donc pas blonde ? —

Non elle est rousse. — Mais il y a des cheveux roux d'une teinte superbe que les peintres estiment beaucoup. — Les peintres, mais pas les coiffeurs, et vous savez bien qu'en fait de beauté ce ne sont pas les artistes qui donnent la mode, ce sont les couturières et les coiffeurs[1]. »

Cette vérité était du temps de Louis XV comme elle l'est du nôtre, et M<sup>elle</sup> Clairon a dû paraître singulièrement hardie quand elle a osé, en pleine vogue de paniers, se montrer sur la scène avec les simples hanches que Dieu lui avait données. — Supposez que M<sup>me</sup> Doche fasse brusquement, au Vaudeville, son entrée sans crinoline !

La crinoline, qui occupe une place si importante dans notre société, sur les trottoirs et dans les voitures publiques, n'est autre chose que le panier en progrès. Le besoin de s'élargir qui s'est emparé des femmes depuis le jour où elles ont échappé aux fourreaux de parapluie du premier empire, les aurait inévitablement ramenées aux paniers du dernier siècle si les progrès de l'industrie n'avaient permis de substituer le crin à la baleine. Avec les grâces naturelles à son sexe, M<sup>elle</sup> Crinoline devait, sans rien perdre de son ampleur, être moins lourde, moins empruntée, plus souple que M. Panier, son père ; mais elle

1. M<sup>me</sup> Émile de Girardin.

devait conserver aussi cet air de famille et cet esprit d'envahissement auxquels nous l'avons tout d'abord reconnue.

Si les dames, qui vivent presque toutes aujourd'hui dans l'intimité de cette ample demoiselle, désirent connaître ses nobles ancêtres, nous leur citerons, d'après un critique célèbre, un dialogue entre un auteur et une modiste de 1724.

L'AUTEUR. Vous plairait-il, mademoiselle, de me dire exactement ce que vous autres, jolies femmes, qui en portez et qui en faites, vous entendez par ce mot *les paniers?*

LA DAME. Monsieur l'auteur, ce sont des cloches de toile soutenues par des cercles de baleine que les femmes portent sous leurs jupes et dont les pieds semblent être les battants.

L'AUTEUR. Quelle est l'origine des paniers?

LA DAME. Cette origine se perd dans les ténèbres de la soie et du velours. Les premiers paniers furent d'abord, il y a longtemps...., il y a huit jours, des cercles en fer, en bois et en baleine, garnis d'étoffes, qui servaient à relever les robes; ils s'appelaient en ce temps-là des vertugadins. La première dame qui en a porté, c'est dame Radegonde, la femme légitime de Polichinelle; cette dame avait beaucoup d'enfants, et pour les cacher dans son giron, elle imagina cette espèce de cage à poulets.

L'auteur. Madame, pourriez-vous me dire tout bas à quoi peuvent servir ces sortes de paniers ?

La dame. Je vous dirai en confidence que rien n'est plus incommode. Dans nos logis, les apppartements sont trop petits, les sofas suffisent à peine à asseoir une femme en paniers ; il faut élargir les portes des maisons et couper les bras aux fauteuils. Deux paniers remplissent la rue, deux paniers remplissent un carrosse à deux fonds ; à l'Opéra, pour chaque panier il faut une loge ; à l'église, vingt paniers remplissent le chœur ; la dame en paniers ne peut ni entrer, ni sortir, ni monter, ni descendre ; petite, elle rappelle un tonneau ; de grande taille, on dirait un cône en équilibre sur sa pointe ; a-t-elle un genou cagneux, le pied vilain, la jambe tordue, le panier, dans son indécent va-et-vient, laisse entrevoir ces diffor-mités détestables ; mais qu'y faire, monsieur ? c'est la mode, et l'instant n'est pas venu d'en changer.

L'auteur. Madame, pourriez-vous me dire com-bien il y a de sortes de paniers ? Je n'ignore pas que vous avez *la gourgandine, le boute-en-train, le tâtez-y, la culbute, les bêtises, le laisse-tout-faire et les mensonges de Paris ;* cependant, de-puis qu'on invente, on a dû trouver quelque chose de nouveau, ne fussent-ce que les *paniers percés ?*

LA DAME. Vous avez raison, monsieur, nous avons *la gondole*, espèce de panier plus large par le bas que par le haut ; avec la gondole une femme a l'air d'un porteur d'eau dans son tonneau ; nous avons *les cadets*, ainsi nommés parce qu'ils s'arrêtent deux doigts au-dessous des genoux ; les paniers *bourrelets*, ces bourrelets servent à faire évaser la jupe ; les paniers *fourrés* sur les hanches et autre part ; enfin mille sorte de paniers selon la taille et l'âge des femmes à la mode, qui rougiraient d'une taille mince et mignonne ; hier tout était svelte, aujourd'hui tout est gros ; un *gros* équipage, un *gros* bien, une *grosse* table, une *grosse* femme, et même les gens grossiers pourvu qu'ils aient un *gros* argent. Quant au *laisse-tout-faire*, permettez-moi, monsieur, de vous dire que vous êtes dans une grosse erreur, le laisse-tout-faire n'est pas un panier :

L'homme le plus grossier et l'esprit le plus lourd
Sait qu'un *laisse-tout-faire* est un tablier court.

L'AUTEUR. Je vous remercie, madame, de ces renseignements, je vais me hâter de faire ma comédie, et je vous prierai d'y venir en petite loge avec moi, et en petits paniers.

**Vilain XIIII**. — Quand Louis XIV fit son entrée triomphale à Gand, l'un des députés qui vinrent lui présenter les clefs de la ville se nommait Grand Vilain. Il descendait, assure-t-on, d'un bâtard de la maison des princes d'Isenghien dont un des membres, qui devint plus tard maréchal (1741), était au service de la France. Grand Vilain, que la confiance de ses concitoyens venait d'appeler pour la 14e fois à siéger parmi les membres du conseil municipal de Gand, demanda à Louis XIV la faveur d'ajouter à son nom le chiffre 14. Le roi vainqueur la lui accorda, et c'est depuis ce temps qu'une des principales familles de Belgique porte le nom de Vilain XIIII. — Ce chiffre écrit par un X et quatre I n'a rien qui doive étonner. Sous Louis XIV on l'écrivait ainsi ; les actes et les monnaies de l'époque en font foi, et les héritiers de Vilain XIIII ont conservé le nom tel qu'ils l'avaient reçu.

**Les battus payent l'amende.** — Nous avons dans les mains un dictionnaire de proverbes français avec *l'explication et les étymologies les plus avérées,* où l'on trouve au mot *amende :* « On dit, c'est la coutume de Lorris, ou le batu paye l'amende, ou qu'on blâme, ou que l'on condamne celui qui a raison. — Ce proverbe vient d'une équivoque : la loi s'adressant au coupable, lui dit : « Le *bas-tu? paye l'amende.* » — Cette explication ingénieuse n'est peut-être pas assez avérée. Il

y a eu un temps où la raison était bien réellement
la raison du plus fort ; c'est alors que *les battus
payaient l'amende* et que *les morts avaient tort.*
Nous voulons parler de l'époque où se pratiquait
*le combat judiciaire*, cette épreuve ordonnée par
la justice pour mettre fin à un procès dans les cas
douteux. Là où le serment était insuffisant, c'est
le combat qui décidait : l'événement de la lutte
était considéré comme un décret de la Providence,
et l'innocence où le bon droit devait être inévitablement du côté du vainqueur. Ce jugement de
Dieu, comme on l'appelait improprement, décidait de votre sort : si vous étiez battu, c'est que
Dieu l'avait voulu : vous étiez coupable, et partant
vous deviez payer l'amende ou subir la peine. —
C'est vraisemblablement de ce singulier genre de
procédure que vient notre expression proverbiale.

**Faire des châteaux en Espagne.** —Trans-
portez-vous dans le pays des rêves, laissez aller à
son gré votre imagination vagabonde, fondez sur
de vagues espoirs les projets les plus insensés, de-
mandez à l'avenir de réaliser vos chimères, et,
comme la laitière et le curé de La Fontaine, *vous
ferez des châteaux en Espagne.* « Une rêverie
sans corps et sans sujet régente notre âme et l'a-
gite ; que je me mette à faire des chasteaux en Es-
paigne, mon imagination m'y forge des commodités

et des plaisirs desquels mon âme est réellement
chatouillée et réjouie. » (Montaigne). Rêver une
fortune, une position brillante, un rang élevé,
de la gloire même, c'est plus ou moins rêver des
châteaux, et jusque-là on s'explique la comparaison. Mais pourquoi en Espagne ? Serait-ce que
dans la péninsule un château est plus agréable et
plus délicieux que partout ailleurs ? Non, c'est
qu'il n'y a pas de château dans ce pays, et que
vouloir les honneurs ou la fortune qu'on n'a pas,
c'est vouloir des châteaux en Espagne. On ajoute,
pour ne laisser aucune incertitude et pour rendre
plus exactement compte des mots *faire* ou *bâtir
des châteaux*, que dans le temps où les Maures
faisaient de fréquentes excursions en Espagne, il
était défendu de bâtir dans la campagne des châteaux dont les ennemis auraient pu s'emparer et
où ils se seraient fortifiés. Nous ne savons si autrefois les châteaux étaient rares aussi en Asie, mais
on disait dans le même sens, *faire des châteaux
en Asie*. On dit encore, de nos jours, *bâtir des
châteaux en l'air*, expression qui s'explique d'elle-
même : vouloir faire une chose impossible, c'est
bâtir des châteaux en l'air.

On rit souvent des fous qui rêvent tout éveillés ;
mais ceux mêmes qui se moquent rêvent aussi, à
leur insu, et les plus sages ont dû parfois aux di-
vagations de leur esprit des instants de bonheur.

Tous, à certains jours de la vie, nous avons eu nos joies imaginaires, car on en fait partout des châteaux en Espagne :

On en fait à la ville ainsi qu'à la campagne;
On en fait en dormant, on en fait éveillé.
Le pauvre paysan, sur sa bêche appuyé,
Peut se croire, un moment, seigneur de son village.
Le vieillard, oubliant les glaces de son âge,
Se figure aux genoux d'une jeune beauté,
Et sourit; son neveu sourit de son côté,
En songeant qu'un matin du bonhomme il hérite.
Telle femme se croit sultane favorite;
Un commis est ministre, un jeune abbé prélat;
Le prélat.... Il n'est pas jusqu'au simple soldat,
Qui ne se soit un jour cru maréchal de France;
Et le pauvre, lui-même, est riche en espérance.

(Collin-d'Harleville. — *Les châteaux en Espagne,*
acte III, scène VII.)

Lorsque M^{me} de Villars était à Madrid, en qualité de dame d'honneur de la reine, elle désirait beaucoup revenir dans son pays pour y faire des châteaux en Espagne : — « Il n'y a qu'en France, disait-elle, qu'on bâtit des châteaux en Espagne; mais quand on est en Espagne, on n'a pas envie d'y bâtir des châteaux. »

**Tirer le diable par la queue.** — « Il faut que la queue du diable lui soit soudée, chevillée et vissée à l'échine d'une façon bien triomphante pour qu'elle résiste à l'innombrable multitude de gens qui la tirent perpétuellement. » (Victor Hugo. *Lucrèce Borgia.*)

*Tirer le diable par la queue,* c'est se procurer péniblement le nécessaire pour vivre, c'est être réduit aux expédients. On a prétendu qu'il s'agissait « *du diable d'argent* que tout le monde voudrait attirer à soi. » Mais cette explication laisse beaucoup à désirer. Nous préférons prendre le diable plus au sérieux et le considérer ici comme une image représentant toutes les choses auxquelles on n'a recours qu'à la dernière extrémité, et qu'on s'estime encore heureux de trouver, d'obtenir même par la prière, quand on n'a plus d'autre moyen d'échapper à une situation misérable. Le Mont-de-piété, par exemple, c'est le diable, et lorsque nous lui portons notre linge en le priant de nous prêter de l'argent à douze pour cent, nous tirons le diable par la queue. Pour expliquer l'image, on peut se figurer un homme qui, à bout de ressources et ne sachant plus à qui s'adresser, finit par recourir à l'assistance de ce diable dont il avait d'abord refusé le secours. Le diable à son tour fait le difficile, il se souvient des rebuffades qu'il a essuyées, il tourne le dos à celui qui l'a d'abord méprisé, — et c'est alors qu'il faut, pour le ramener, le tirer par la queue. Les jeunes gens qui ont escompté leur avenir à de ruineuses conditions, ont plus d'une fois ramené ainsi par le pan de l'habit cette monstruosité sociale qu'on appelle un usurier, et ils savent par expérience ce que veut dire : *tirer le diable par la queue.*

**Roche Tarpéienne.** — C'était sous Romulus (l'an 746 avant J. C.). On était en guerre avec les Sabins, et Tarpéius était gouverneur du Capitole. Tarpéia, sa fille, promit à Tatius, général des Sabins, de lui livrer la citadelle, à condition que ses soldats lui donneraient ce qu'ils portaient à leur bras gauche ; elle entendait désigner par là leurs bracelets d'or. Lorsque Tatius fut maître du Capitole, il jeta sur Tarpéia ses bracelets et son bouclier qu'il portait aussi au bras gauche, ses soldats l'imitèrent et Tarpéia fut écrasée sous le prix de sa trahison. — Les Romains qui savaient perpétuer les souvenirs donnèrent à la colline où Tarpéia fut ensevelie le nom de mont Tarpéien ou roche Tarpéienne, et il fut décidé qu'on précipiterait du haut de cette colline ceux qui se seraient rendus coupables de trahison ou de faux témoignage. — Les locutions *trouver sa roche Tarpéienne, être précipité de la roche Tarpéienne* ont été fréquemment employées pour exprimer la perte de la popularité. « Et moi aussi, on voulait, il y a peu de jours, me porter en triomphe : et l'on crie maintenant dans les rues : *La grande trahison du comte de Mirabeau....* Je n'avais pas besoin de cette leçon pour savoir qu'il est peu de distance du Capitole à la roche Tarpéienne ; mais l'homme qui combat pour la patrie ne se tient pas si aisément pour vaincu. » (Mirabeau. )

**Coup de Jarnac**. — Donner à quelqu'un le coup de Jarnac, c'est, dit l'Académie, « lui faire un mauvais tour auquel il ne s'attendait pas, et qui le met en très-mauvais état, qui le ruine, qui détruit sa fortune. Cela se dit toujours en mauvaise part. » — Cette expression rappelle le duel qui eut lieu, à Saint-Germain, avec tout l'appareil des combats juridiques, entre Jarnac et La Chateigneraye, favori de Henri II. Quoique La Chateigneraye fût très-lié avec Gui de Chabot, seigneur de Jarnac, il se permit contre son ami une grosse médisance : il dit à François Ier que Jarnac s'était vanté d'être en de très-bons termes avec Magdeleine de Puiguyon, sa belle-mère. Le roi voulut plaisanter Jarnac, mais ce jeune seigneur lui répondit : Sauf le respect dû à Votre Majesté, La Chateigneraye a menti. Sur ce démenti, devenu public, on demanda à François la permission de combattre en champ clos, mais ce prince ne voulut pas l'accorder, et c'est seulement la première année du règne de Henri II que le duel put avoir lieu. Les deux adversaires ayant employé à s'exercer dans les armes les délais exigés alors par les formalités du combat judiciaire.

Jarnac avait appris un coup extraordinaire, qu'il ne manquait jamais, et il fit à La Chateigneraye le jour du combat (10 Juillet 1547) une blessure au jarret, à la suite de laquelle ce dernier mourut. Ce coup était d'autant plus inattendu que La Chateigneraye, comptant sur la faiblesse de son adversaire, avait fait préparer, au dire de Brantôme, un repas splendide, pour régaler ses amis le jour même du combat. Ce sont les circonstances de ce duel fameux qui ont fait appeler *coup de Jarnac* un coup violent et imprévu.

**Grisette.** — « Les savants (foin des savants !) qui expliquent toute chose, qui trouvent nécessairement une étymologie à toute chose, se sont donné bien de la peine pour imaginer l'étymologie de ce mot-là, la *grisette*. Ils nous ont dit, les insensés ! qu'ainsi se nommait une mince étoffe de bure à l'usage des filles du peuple, et ils en ont tiré cette conclusion : « Dis-moi l'habit que tu portes, et je te dirai qui tu es ! » (Jules Janin.)

Nous qui ne sommes pas des savants, mais qui croyons un peu à l'existence des causes, nous ne voyons pas pourquoi l'on n'accepterait pas cette explication qui, à tout prendre, en vaut bien une autre[1].

---

1. Celle de M^me la comtesse de Bradi, par exemple. Après avoir constaté que du temps de Louis XV, les seigneurs de la cour avaient en même temps pour maîtresses des femmes de théâtre,

Que les ouvrières, ces jeunes filles qui, naguère, suppléaient à l'élégance par la bonne grâce de leurs allures, aient porté presque toutes des robes en grisette; qu'elles aient su, à force d'art, faire des merveilles avec cette étoffe; qu'on se soit habitué à les voir ainsi vêtues, simples et proprettes, et qu'on ait fini, sans à peine y prendre garde, par les appeler *grisettes* du nom même de leurs robes, c'est là un petit enchaînement de circonstances qui ne nous paraît pas absolument saugrenu. Nous nous rangeons d'autant plus volontiers à l'avis des savants que les savants ont eu le bon goût, M. Janin voudra bien le reconnaître, de ne pas trop creuser les profondeurs de la science. Sur notre terre classique de la fantaisie

de grandes dames et de jeunes filles du peuple (mode aussi ruineuse qu'immorale), M<sup>me</sup> de Bradi continue ainsi : « L'actrice ou la danseuse s'enorgueillissait si, dans son antichambre, on reconnaissait la livrée d'un homme que l'on rencontrait à Versailles ; mais la grande dame et la petite ouvrière s'en effrayaient également. Afin que les billets fussent portés et reçus sans que l'on en causât à *l'œil-de-bœuf* ou dans les maisons d'apprentissage, on habilla de gris les laquais destinés à ces fonctions, toutes de confiance, et le nom de *grison* leur fut donné, ainsi que nous voyons dans les comédies et romans de cette époque. Les grandes dames avaient des titres, on n'imagina point de les désigner particulièrement; mais les ouvrières en mode, en couture, qui recevaient le laquais ainsi travesti, furent par analogie nommées *grisettes*, ce qui signifiait filles jolies, pauvres et séduites. »

et de la forme, la robe c'est la femme ; or, demander à la robe l'origine du nom de la femme, c'est un véritable trait de lumière, c'est puiser les choses à leur vraie source, c'est faire preuve d'esprit plus encore que de savoir.

Nous n'avons pas besoin d'ajouter que cette question n'a plus guère aujourd'hui qu'un intérêt historique. L'étoffe, en effet, a perdu son nom, et le type grisette, personne ne l'ignore, a presque entièrement disparu. La coquetterie, le goût du luxe et bien d'autres choses encore ont fait de tels progrès que la grisette (étoffe) est remplacée, à l'heure qu'il est, par la mousseline et la soie. Les grossiers tissus ont été renvoyés, tout honteux, aux classes indigentes. La grisette (jeune fille) a suivi la marche ascendante de son époque ; elle s'est créé des relations, des habitudes nouvelles, et l'on peut dire qu'elle est tout ce qu'on voudra, excepté une grisette. Il y a encore çà et là quelques jeunes filles qui portent l'humble robe d'indienne, mais elles représentent une imperceptible minorité ; ce sont celles qui se distinguent par une extrême misère ou par un rare attachement aux traditions du passé.

**Prendre l'occasion aux cheveux.** — Ne pas laisser échapper le moment favorable de faire une chose, le saisir juste quand il se présente.

Cette locution vient de ce que les anciens représentaient l'Occasion sous la figure d'une femme qui n'avait point de cheveux derrière la tête ; ils voulaient exprimer par là qu'une fois qu'on l'avait laissée passer, il n'était plus possible de la saisir. Nous citerons, pour en faire foi, cette inscription sur une statue de l'Occasion, tirée de l'Anthologie : Quel est l'artiste qui t'a faite ? — Un Sycionien. — Quel est son nom ? — Lysippe. — Toi-même, qui es-tu ? — L'arbitre suprême de toutes choses, l'Occasion. — Pourquoi te tiens-tu ainsi sur la pointe du pied ? — Je ne me fixe jamais davantage. — Pourquoi t'a-t-on mis des ailes aux pieds ? — Parce que mon vol devance le vent. — Pourquoi ce rasoir à ta main ? — Pour montrer aux hommes que je suis plus tranchante qu'un glaive. — Et cette chevelure qui descend si longue sur ton front ? — C'est pour être facilement saisie par le premier qui me rencontrera. — Tu n'as pas un seul cheveu derrière la tête ? — C'est afin que nul de ceux qui m'auront une fois laissée échapper ne puisse me ressaisir dans mon vol. — Pourquoi l'artiste qui t'a sculptée t'a-t-il placée sous ce portique ? — Étranger, c'est pour t'instruire. » — (Posidippe.)

**Sardanapale.** — Nous devons un mot de souvenir au roi dont le nom sert à qualifier tous

ceux qui se livrent à une vie sensuelle et dissolue
— *Sardanapale* est le quatrième et dernier ro
d'Assyrie. Les gouverneurs de Médie et de Baby
lone, Arbace et Belecis, indignés de voir leur ro
s'abandonner aux plaisirs et à la mollesse, se ré
voltèrent contre lui. — *Sardanapale*, indigné
son tour, prit les armes et les battit trois fois
Vaincu enfin, il se réfugia dans Ninive qui fut as
siégée bientôt par les révoltés. Il s'y défendit quel
que temps; mais les débordements du Tigre ren
versèrent les murs de cette ville, et pour ne pa
tomber entre les mains des vainqueurs, Sardana
pale se précipita dans un bûcher. Il avait régné d
763 à 740, avant J.-C. — Au rapport de Diodor
de Sicile, de Strabon et de Pline, la ville d'An
chiale, en Cilicie, bâtie par Sardanapale, renfer
mait son tombeau. On y lisait, dit-on, cette inscrip
tion : Sardanapale, qui ne refusa jamais rien à se
sens, vécut beaucoup en peu de temps. Passant
bois, mange et te réjouis, car le reste n'est rien.

**Ils n'ont rien appris, rien oublié**. — Er
histoire, les mots appartiennent à ceux qui les ont
dits, et nous ne prétendons pas retirer celui-ci à
M. de Talleyrand. Il est enregistré sous son nom,
et, d'ailleurs, il est si bien établi ainsi dans toutes
les mémoires, qu'on aurait grand'peine à le faire
passer au compte d'un autre. Nous pensons seu-

lement que ce mot était peut-être une réminis-
cence. Talleyrand a connu à Londres le chevalier
de Panat, et il a fort bien pu lui entendre exprimer, sur les Bourbons, cette idée qu'on retrouve,
à la date de janvier 1796, dans une lettre de M. de
Panat à Mallet du Pan : « Vous nous parlez souvent de la folie de Vérone. Hélas ! mon cher ami,
cette folie est générale et incurable. Combien vous
vous trompez en croyant qu'il y a un peu de raison dans la cour du frère ! nous voyons tout cela
de près, et nous gémissons : personne n'est cor-
rigé ; *personne n'a su ni rien oublier ni rien apprendre* [1]. »

**Être à quia.** — Sont à *quia* les personnes
réduites à ne pouvoir plus répondre. Si toutes les
demandes attendent une réponse, tous les pourquoi appellent un *parce que*. Le *parce que* est
donc la tête, le premier mot de la plupart des discours qui répondent à une question. — Quand le
discours ne vient pas ou qu'on est à bout de raisons, on ne peut rien ajouter à ce premier mot, le
seul en pareil cas qui ne fasse jamais défaut, et c'est
alors qu'on est réduit au *parce que*, c'est-à-dire
*à quia*.

1. *Mémoires de Mallet du Pan*, par M. A. Sayous.

Par hazard disputant, si quelqu'un luy réplique
Et qu'il soit *à quia :* Vous estes hérétique,
Ou pour le moins fauteur; ou vous ne sçavez point
Ce qu'en mon manuscrit j'ay noté sur ce point.

        (Regnier.)

*Être à quia* se dit, par extension, des personnes à l'extrémité, qu'où n'espère plus sauver ; on l'applique quelquefois aussi à ceux que le mauvais état de leurs affaires a privés de toute ressource.

### La commère la carpe et le brochet son compère.

Un jour sur ses longs pieds allait je ne sais où
Le héron au long bec emmanché d'un long cou :
   Il côtoyait une rivière.
L'onde était transparente ainsi qu'aux plus beaux jours;
Ma commère la carpe y faisait mille tours
   Avec le brochet son compère.
    (La Fontaine. — *Le Héron.*)

Quand on a, comme La Fontaine, l'art des épithètes heureuses, on peut se passer aisément de motifs pour les employer : leur bonne grâce naturelle et le tour familier qu'elles donnent à la pensée légitiment suffisamment leur présence. Dans cette occasion, cependant, on peut supposer que ce n'est pas sans raison qu'il a dit: *ma commère la carpe* et *le brochet son compère.* Non qu'il ait su à n'en point douter que ces deux poissons avaient toujours vécu dans la meilleure intelligence, mais il faisait allusion aux rôles de carpe et de brochet que jouèrent dans un jeu de société, appelé jeu des poissons et très en vogue de son temps, Voiture et le duc d'Enghien. Peut-être ne relira-t-on pas sans plaisir quelques passages de la lettre que la commère Voiture écrivit, en souvenir de ce jeu, à Monseigneur le duc, son compère, lorsque, dans la bataille de Rocroy, il fit passer le Rhin aux troupes qui devaient joindre celles de M. le Maréchal de Guébriant (1643).

« Hé bon jour, mon compère le Brochet, bon jour, mon compère le Brochet. Je m'estois toujours bien doutée, que les eaux du Rhin ne vous arresteroient pas, et connaissont vostre force, et combien vous aimez à nager en grande eau, j'avois bien creu que celles-là ne vous feroient point de peur, et que vous les passeriez aussi glorieusement que vous avez achevé tant d'autres avantures..... Quoyque vous ayez esté excellent jusques icy, à toutes les sausses où l'on vous a mis, il faut avoüer que la sausse d'Allemagne vous donne un grand goust, et que les lauriers qui y entrent vous relèvent merveilleusement.... Aussi vous ne sçauriez vous imaginer jusques où s'étend vostre reputation : il n'y a point d'estangs, de fontaines, de ruisseaux, de rivières ny de mers, où vos victoires ne soient celebrées, point d'eau dormante, où l'on ne songe à vous; point d'eau bruyante où il ne soit bruit de vous. Vostre nom penetre jusqu'au centre des mers, et vole sur la surface des eaux; l'Océan qui borne le monde, ne borne pas vostre gloire. L'autre jour que mon compère le Turbot et mon compère le Grenaut, avec quelques autres poissons d'eau douce, soupions ensemble chez mon compère l'Eperlan: on nous présenta au second, un vieux Saumon qui avoit fait deux fois le tour du monde, qui venoit fraischement des Indes Occidentales, et avoit esté pris, comme espion en France, en suivant un batteau de sel. Il nous dit, qu'il n'y avoit point d'abysmes si profonds sous les eaux où vous ne fussiez connu et redouté, et que les Baleines de la mer Athlantique suoient à grosse goûte, et estoient toutes en eau, dès qu'elles vous entendoient seulement nommer. Il nous eust dit davantage, mais il estoit au court-bouillon; et cela estoit cause, qu'il ne parloit qu'avec beaucoup de difficulté..... A dire le vray, mon Compère, vous estes un terrible Brochet. Et n'en déplaise aux Hippopotames, aux Loups-marins, ny aux Daufins mesmes, les plus grands et les plus considérables hostes de l'Ocean, ne sont que des pauvres Cancres au prix de vous, et si vous continuez comme vous avez commencé, vous avallerez la mer et les poissons. Cependant vostre gloire se trouvant à un point qu'il est asseuré qu'elle ne peut aller plus loin ny plus haut, il est, ce me semble, bien à propos qu'après tant de fatigues, vous veniez vous rafraischir dans l'eau de la Seine, et vous récréer joyeusement, avec beaucoup de jolies Tanches, de belles Perches, et d'honnêtes Truites, qui vous attendent. icy avec impatience. Quelque grande pourtant que soit la passion qu'elles ont de vous voir, elle n'égale pas la mienne, ny le désir que j'ay, de vous pouvoir témoigner, combien je suis,

Vostre très humble et très obéissante servante et commère. LA CARPE.


**Les beaux jours d'Aranjuez touchent à leur fin.** — Citation assez fréquemment employée dans la conversation pour exprimer que des plaisirs ou des réjouissances vont bientôt cesser. Elle est empruntée au *Don Carlos* de Schiller ; c'est le premier mot que dit Domingo, au début du drame, à l'infortuné Don Carlos.


**Maille à partir.** — *Avoir maille à partir avec quelqu'un,* avoir une maille à partager ( le *partir* signifiait autrefois *partager* ) ; et, au figuré, avoir des différends, des discussions sur des choses de la plus mince valeur. — La *maille* était une petite monnaie qui ne valait que la moitié d'un denier. Il y avait des *mailles parisis,* des *mailles tournois,* il y avait même des *demi-mailles.* — On sait que la monnaie à laquelle on donnait le nom de *tournois* parce qu'elle était battue à Tours était plus faible d'un cinquième que celle de Paris. La différence de valeur a donné lieu à l'expression longtemps en usage de *livre tournois :* la *livre parisis* valant vingt-cinq sous, on désignait par *livre tournois*, la livre de vingt sous, celle dont on se servait plus fréquemment dans les comptes et que nous appelons aujourd'hui *franc*.

Le mot *maille* est resté aussi, avec le sens d'une chose de très-peu de valeur, dans la locution *n'avoir ni sou ni maille* qui veut dire n'avoir aucun bien, aucunes ressources pécuniaires.

Ce nom de *maille* aurait pu venir de *médaille* dont il eût été une sorte de diminutif barbare ; mais il a été donné, dit-on, à la petite pièce de monnaie qui avait cours sous les rois de la troisième race parce que cette pièce n'était pas plus grande qu'un trou de filet ou qu'une boucle de cotte de mailles.

Une monnaie qui a disparu aussi et qui nous a laissé son nom, c'est la *Gazetta*. Les feuilles périodiques qui parurent à Venise au commencement du XVIIe siècle coûtaient une *Gazetta ;* c'est à cette circonstance qu'elles ont dû leur nom, et c'est de là qu'est venu l'usage, dans la suite, d'appeler *Gazettes* les feuilles quotidiennes qui publient les nouvelles.

Nous ajouterons, à propos de monnaies qui ne

sont plus en usage, que le nom du liard a donné lieu à des opinions très-différentes. Ménage le fait venir de *hardi* ( *li hardi* pour *le hardi* ), nom de plusieurs espèces de monnaies en Guyenne ; quelques-uns considèrent ce mot comme un adjectif qui en langue romance signifie gris, brun, ou noir, et qui aurait été appliqué aux pièces de billon par opposition aux pièces d'argent qu'on appelait *monnaie blanche*. D'autres enfin, et nous nous rangerons assez volontiers à l'avis de ces derniers, pensent que cette dénomination vient tout simplement du nom de celui qui le premier fit frapper cette espèce de monnaie (1430) : Gigue Liard, maître des monnaies en Dauphiné.

**Les sept merveilles du monde.** — On désigne sous ce nom les sept ouvrages d'art cités comme les plus célèbres dans l'antiquité. Ce sont : les pyramides d'Egypte, — les jardins suspendus et les murs de Babylonne, — le tombeau de Mausole, — la statue de Jupiter Olimpien, — le colosse de Rhodes, — le temple de Diane, — et le phare d'Alexandrie.

Pyramides d'Egypte. Ainsi qu'on s'accorde le plus généralement à le reconnaître, ces monu - ments gigantesques étaient consacrés à la mémoire des rois et des êtres qui avaient un caractère sacré. — La plupart des pyramides ont été renversées ;

cependant les trois que l'on cite comme les plus remarquables, celles qui sans doute ont valu aux pyramides l'honneur d'être classées au nombre des sept merveilles, sont encore debout : elles sont situées non loin de l'ancienne Memphis, à trois lieues du Caire. On en fait remonter l'érection au XVIII$^e$ et au XIV$^e$ siècle avant notre ère. La principale, bâtie par Chéops, a 237 mètres de largeur à sa base et 145 de hauteur ; on y compte 208 assises ayant chacune 67 centimètres de hauteur moyenne ; elle a été construite, au rapport de Diodore de Sicile, en vingt ans par cent mille ouvriers. Les deux autres sont moins extraordinaires : l'une, bâtie par Chephren, a 212 mètres de base et 129 de hauteur, et la plus petite, attribuée à Mycerinus, a 91 mètres de base apparente et 53 d'élévation. Les quatre faces de ces pyramides répondent à peu près aux quatre points cardinaux.

Jardins suspendus et murs de Babylone. — Les fameuses murailles qui entouraient la capitale de l'empire des Assyriens et de la Babylonie étaient bâties en briques ; elles avaient huit myriamètres de circuit, soixante-six mètres de hauteur et dix-sept mètres d'épaisseur ; deux chariots pouvaient s'y promener de front. Quant aux jardins suspendus, ils étaient plantés dans un terrain rapporté sur des voûtes formant terrasses au-dessus du palais des rois. Ces terrasses étaient soutenues par des colonnes, et les jardins arrosés par des canaux et des aqueducs secrets. — Ces merveilles étaient dues à Sémiramis, qui contribua puissamment à l'embellissement de cette ville immense où l'on admirait encore un pont construit sur l'Euphrate, qui traversait la ville du nord au midi, et ce magnifique temple de *Belus* au milieu duquel s'élevait un édifice composé de huit tours bâties les unes sur les autres.

LE TOMBEAU DE MAUSOLE. — La reine Artémise Ire, qui se joignit à Xercès dans son expédition contre la Grèce, qui combattit si vaillamment à la bataille de Salamine et qui eut une statue à Sparte parmi les généraux perses, n'a pas laissé un souvenir si vif que la reine Artémise II, dont le seul mérite fut de regretter sincèrement Mausole, son frère et mari. Pour immortaliser une femme, surtout quand cette femme est une reine, il n'est pas besoin d'exploits, il suffit d'une vertu. Le tombeau de Mausole, élevé vers l'an 355 avant Jésus-Christ, était situé à Halicarnasse, ancienne capitale de la Carie méridionale. Ce magnifique monument avait quatre grandes façades qui regardaient l'orient, le midi, l'occident et le nord ; il était couronné par une pyramide sur laquelle se trouvait un char de marbre attelé de quatre chevaux. La célébrité du tombeau de Mausole a fait donner le nom de *mausolée* à tout monument sé-

pulcral somptueux ayant le caractère d'un édifice.

LA STATUE DE JUPITER OLYMPIEN. — Il y
avait à Olympie, une des principales villes de
l'Elide, sur l'Alphée, un vaste temple dédié à Jupiter, bâti avec une sorte de pierre qui ressemblait
au marbre de Paros. C'est dans l'intérieur de ce
temple que se trouvait une statue d'or et d'ivoire
représentant Jupiter. Cette statue, chef-d'œuvre
de Phidias, avait vingt mètres de haut et représentait le dieu assis sur son trône.

LE COLOSSE DE RHODES, statue gigantesque
d'Apollon qui se trouvait à l'entrée du port de
Rhodes, capitale de l'île de ce nom, située dans
la Méditerranée, à l'extrémité sud-ouest de l'ar-
chipel. Cette statue était l'ouvrage de Charès,
élève de Lysippe ; il la commença vers l'an 300
avant Jésus-Christ et y travailla pendant dix ans.
Elle était d'airain, elle avait trente-quatre mètres
de hauteur, et les vaisseaux, disait-on, passaient
à pleines voiles entre ses jambes[1]. Le colosse de
Rhodes avait coûté près d'un million et demi ; il fut
renversé, cinquante-six ans après son érection, par

1. M. le comte de Caylus a démontré que le colosse de Rhodes
n'était point placé de cette manière bizarre. il a cité Pline et
Strabon qui font beaucoup parlé du colosse de Rhodes sans
faire aucune allusion à l'écartement des jambes ; Philon de
Bysance, qui parle de la *base de marbre* du colosse, dont les

un tremblement de terre qui le rompit aux deux genoux.

Le temple de Diane était situé à Ephèse, ville d'Ionie. Suivant Pline, il avait cent trente mètres de long sur soixante-sept de large et dix-huit de haut. La nef était soutenue par cent vingt-sept colonnes d'ordre ionique, de vingt mètres de haut. Ce temple fut brûlé par Érostrate, ce fou qui, suivant la tradition antique, voulut s'immortaliser par cet acte d'impiété. La destruction du temple d'Ephèse ayant eu lieu le jour où naquit Alexandre, ce héros offrit de le reconstruire, à condition qu'on y inscrirait son nom ; mais on refusa ses offres et le temple fut rebâti par les Ephésiens.

Le phare d'Alexandrie, tour en marbre blanc, construite sous le règne de Ptolémée-Philadelphe, par l'architecte Sésostrate, dans l'île de Pharos, qui fut réunie par un môle à la ville d'Alexandrie l'an 286 avant Jésus-Christ. On donne une idée de l'élévation de cette tour en disant que du sommet on découvrait les vaisseaux à cent milles en mer. Le Phare d'Alexandrie fut détruit en 1303 par un tremblement de terre. L'île de Pharos a donné

pieds se trouvaient ainsi réunis sur un même bloc et près l'un de l'autre. On a fait remarquer, d'ailleurs avec raison, que si le colosse avait été placé à l'entrée du port, les jambes écartées, il eût été inévitablement renversé dans la mer lors du tremblement de terre qui le brisa.

son nom à ce monument, et ce nom est resté dans la langue pour désigner ces tours surmontées d'un fanal que l'on établit sur certains points pour indiquer le voisinage des côtes ou signaler quelque danger.

Il n'est pas sans intérêt de remarquer, à propos des sept merveilles, que le nombre sept tient une place assez importante dans nos souvenirs. Nous avons, en effet, outre les sept qui se retrouvent à chaque page de la Bible et qui ont tous pour principe les sept jours de la création, car le nombre sept est un nombre saint, *Les sept têtes de l'hydre*, ce monstre fabuleux qui vivait dans le lac de Lerne, dans le Péloponèse, et dont les têtes repoussaient à mesure qu'on les coupait. — *Les sept vaches grasses et les sept vaches maigres* qui annonçaient à Pharaon sept années d'abondance et sept années de disette. — *La guerre des sept chefs*, l'expédition entreprise par Adraste et les héros argiens pour rétablir Polynice sur le trône de Thèbes. — *Les sept chefs contre Thèbes*, titre d'une tragédie d'Eschyle. — *Les sept sages de la Grèce*. — *Les sept collines de Rome*. — *La république des sept îles*, la république des îles Ioniennes. — *Les sept frères*, nom de sept montagnes de la Mauritanie tingitane. — *Les sept mers*, nom donné autrefois aux sept embouchures par lesquelles le Pô se jetait dans l'Adriatique. — *Les sept bouches du Nil.* — *Le château des Sept-Tours,* à Constantinople. — *La légende des sept évêques* envoyés en Espagne par saint Pierre et saint Paul. *Les sept enfants de Lara,* célèbres dans les chroniques espagnoles et dont la fin tragique a fourni à Lopez de Vega le sujet d'un drame. — *Les sept électeurs,* princes qui avaient le privilége d'élire l'empereur d'Allemagne et qui furent établis en 1292, lors de l'élection d'Adolphe de Nassau. — *La guerre de sept ans,* guerre à laquelle la Prusse doit d'être devenue puissance de premier ordre.

Ajoutons, pour terminer, que ce fameux chiffre sept est encore un de ceux qui jouent le plus grand rôle dans les choses actuelles de la vie. La semaine a sept jours ; la musique sept notes ; et le prisme sept couleurs ; on compte sept planètes, abstraction faite des quatre télescopiques ; il y a sept péchés capitaux ; sept sacrements ; sept psaumes, et sept parties de l'office. S'il faut en croire les physiologistes, nous changeons de peau tous les sept ans. Nous disons proverbialement : Prêcher sept ans pour un carême ; si le carême durait sept ans, tu serais un habile homme à Pâques. On prétend que les plus grands sages pèchent au moins sept fois par jour, et quand nous éprouvons une joie très-vive, nous sommes au septième ciel.

Il n'est pas jusqu'à nos souvenirs d'enfance qui ne parlent du nombre sept : Barbe-Bleue avait pendu sept femmes et les bottes de l'Ogre étaient des bottes de sept lieues.

On est tellement habitué, enfin, à retrouver un peu partout ce nombre sept, qu'on le met même où il n'est pas. On affirme quelquefois que le Styx faisait sept fois le tour des enfers. Nous avons souvent entendu dire aussi : *les sept plaies d'Égypte,* et l'on n'a pas voulu nous croire quand nous avons affirmé qu'il y en avait dix [1].

**Faire grève.** — La place de l'Hôtel-de-Ville s'appelait autrefois place de Grève ; elle devait ce nom au voisinage du quai de la Grève. C'est sur cette place que se sont réunis pendant longtemps les ouvriers sans travail ; c'est là que les entrepreneurs venaient les embaucher, c'est là qu'ils ont exercé, dans le temps où le travail était rare, cette exploitation pour laquelle on a inventé le mot *marchandage.*

Quand les ouvriers, mécontents de leur salaire, refusent de travailler à des conditions qui ne leur

---

1. Les eaux changées en sang ; les grenouilles ; les petits insectes piquants ; les mouches ; la peste ; les ulcères et pustules ; la grêle ; les ténèbres épaisses ; les sauterelles ; la mort des premiers nés des hommes et des bêtes.

semblent pas assez favorables, *ils se mettent en grève*, ce qui veut dire littéralement qu'ils retournent sur la place de Grève en attendant qu'on vienne leur faire des propositions meilleures. — Cette expression s'est étendue, et elle se dit spécialement aujourd'hui de la coalition que font les ouvriers pour se refuser à travailler tant qu'on ne leur aura pas donné l'augmentation de salaire qu'ils réclament.

**Cul-de-sac.** — Les mots réputés malséants perdent entièrement ce caractère lorsqu'ils entrent en composition dans d'autres mots que l'usage a consacrés tout d'une pièce et que personne ne songe à disséquer, les mots cul-de-sac, cul-de-lampe, cul-de-basse-fosse, cul-de-jatte, cul-de-four, et plusieurs de ce genre disent bien ce qu'ils veulent dire, et à ce titre ils sont bons. On les prononce partout, en toute occcasion, sans exciter ni étonnement ni murmure, et ils ne peuvent être considérés comme inconvenants que par une fausse et maladroite pruderie. Tout cela soit dit à propos de *cul-de-sac* et des mouvements d'indignation de Voltaire : « Comment a-t-on pu, dit-il, donner le mot de *cul-de-sac* à *l'angiportus* des Romains? Les Italiens en ont pris le nom *d'angiporto,* pour signifier *strada senza uscita.* On lui donnait autrefois le nom *d'impasse,* qui est expressif et sonore. C'est une grossièreté énorme que le mot *cul-de-sac* ait prévalu. »

Et comme Voltaire répétait souvent les choses qu'il avait sur le cœur, il n'a pas laissé échapper une seule occasion de flétrir ce pauvre mot. — « J'en dis autant à Le Breton, imprimeur de *l'Almanach royal*, je ne lui payerai point l'almanach qu'il m'a vendu cette année. Il a eu la grossièreté de dire que M. le président...., M. le conseiller..., demeure dans le cul-de-sac de Ménard, dans le cul-de-sac des Blancs-Manteaux. Jusqu'à quand les welches croupirent-ils dans leur ancienne barbarie? Comment peut-on dire qu'un grave président demeure dans un cul?... Fi, monsieur Le Breton, corrigez-vous, servez-vous du mot *impasse*, qui est le mot propre; l'expression ancienne est *impasse*. — Nous avons renoncé à des expressions absolument nécessaires, dont les Anglais se sont heureusement enrichis. Une rue, un chemin sans issue, s'exprimaient si bien par *non-passe*, *impasse*, que les Anglais ont imité; et nous sommes réduits au mot bas et impertinent de *cul-de-sac*, qui revient si souvent, et qui déshonore la langue française. »

On lit enfin dans *la Correspondance littéraire* de Grimm, à la date du 17 août 1763 : « Vous remarquerez que le grand apôtre veut qu'on dise *Auguste*, à la place de ce gothique et barbare août, qu'on prononce aussi oût. C'est ainsi qu'il veut qu'on substitue le mot *d'impasse* à celui de *cul-de-sac*. En écrivant, il y a quelques années, à feu l'abbé Duresnel, par la poste, il mit sur l'adresse : « A M. l'abbé Duresnel, de l'Académie française, dans l'impasse de Saint-Pierre, — et non dans le cul-de-sac, attendu que rien ne ressemble moins à un cul ni à un sac, qu'une rue qui n'a point d'issue. »

Ce qui résulte de plus clair de toutes ces récriminations et de bien d'autres, car l'auteur de la *Pucelle* ne s'en est pas tenu là, c'est que ceux qui ont partagé son avis sur la grossièreté du mot *cul-de-sac* n'en auraient peut-être jamais été choqués s'il n'avait pas fait tant de bruit pour si peu. « La métaphore peut manquer de noblesse (quoique, après tout, l'habitude efface le relief de ces locutions), mais elle ne manque pas de justesse, puisque le sac se tient assis sur son fond, et qu'une personne obstinée à traverser une impasse n'en viendrait non plus à bout qu'une obstinée à sortir d'un sac par le fond. » (Génin.)

**Aller au diable au vert**. — Faire une expédition dangereuse. Cette locution s'entend particulièrement aujourd'hui dans le sens de aller loin. — *Au vert* est une corruption de *Vauvert*; on disait autrefois : *aller au diable Vauvert*.

Le *V* a été mangé dans la rapidité du discours, et il a fini par disparaître si bien, qu'on a été amené à couper en deux, pour lui donner une sorte de sens, le reste du mot : *auvert*. — Le château de *Vauvert* ou *Val-Vert*, situé près de Paris, du côté de la barrière d'Enfer, avait été habité par Philippe-Auguste après son excommunication ; il passait depuis cette époque pour être hanté par des revenants et des démons. Saint Louis, pour désensorceler ce château, le donna aux chartreux en 1257.

C'est vraisemblablement le souvenir diabolique de ce lieu maudit qui a fait donner le nom d'Enfer à la rue qui y conduisait et qui s'était appelée auparavant chemin de Vauvert. Il y a cependant d'autres opinions sur l'origine du nom de cette rue. Huet prétend qu'elle a été ainsi nommée parce qu'elle fut longtemps un lieu de débauches et de voleries. D'autres pensent que le mot *enfer* n'est autre chose ici qu'un tronçon de mot corrompu. La rue Saint-Jacques s'est nommée *via superior*, la rue d'Enfer, qui lui est parallèle, fut désignée, par opposition, sous le nom de *via inferior, via infera;* c'est ce mot *infera* altéré qui serait resté comme dernière dénomination à la rue d'Enfer.

**Gai comme pinson.** — Nous en savons tout juste assez en ornithologie pour distinguer un chardonneret d'un serin, et le chant de la fauvette de celui du rossignol. Ne connaissant donc que très-imparfaitement les mœurs et les habitudes du pinson, nous aurions continué à répéter avec tout le monde : *gai comme pinson,* si le spirituel auteur de *l'Esprit des bêtes* n'était venu nous dire ce qu'il fallait croire de cette comparaison peu fondée : « *Gai comme pinson,* dit-il, est encore un de ces adages menteurs qui contribuent si déplorablement à enraciner les préjugés et les erreurs dans l'esprit des populations. Un oiseau gai, c'est le tarin, c'est le sizerin, le linot, le serin, un oiseau qui toujours frétille, sautille et babille, qui prend son mal en patience, et le temps comme il vient ; qui, comme le chardonneret, mange devant sa glace quand il est seul, pour se faire accroire à lui-même qu'il dîne en société. Or le pinson n'a jamais affecté ces allures joviales ; au contraire, il s'observe constamment, fait tout avec mesure, réflexion et solennité ; il pose, comme on dit, quand il marche, quand il mange, quand il chante. Au lieu de prendre le temps comme il vient, il se laisse aller à des plaintes mélancoliques pour peu que la pluie menace. La captivité le démoralise, le rend aveugle, le tue. Ce ne sont pas là des façons d'oiseau gai. » ( Alphonse Toussenel. — *Ornithologie passionnelle.*)

**Faire la mouche du coche.** — Cette expression signifie faire l'empressé, le nécessaire ; se mêler de tout sans se rendre vraiment utile, et s'attribuer le succès des choses auxquelles on n'a nullement contribué. La raison de cette locution devenue proverbiale est dans la fable de La Fontaine intitulée *Le coche et la mouche*, dont voici la morale :

> Ainsi certaines gens faisant les empressés,
> S'introduisent dans les affaires :
> Ils font partout les nécessaires,
> Et, partout importuns, devraient être chassés.

**Cris de Merlusine.** — *Merlusine* est une corruption de *Mélusine*, nom d'une fée qui appartient aux chroniques fabuleuses du moyen âge. — Fille d'Elinas, roi d'Albanie, et de la fée Pressine, Mélusine eut à supporter, ainsi que ses deux sœurs, Méline et Palestine, tous les malheurs que leur père attira sur la famille en violant l'engagement qu'il avait pris de ne point chercher à voir leur mère. Elles s'en vengèrent en enfermant Elinas dans une caverne où il périt. — Condamnée, en expiation de ce crime, à devenir, le samedi de chaque semaine, moitié femme, moitié serpent, Mélusine devait rester serpent si son mari la voyait dans sa métamorphose. Elle épousa Raymondin, fils du comte de Forez, en lui faisant promettre de ne point chercher à connaître son secret. Mais tourmenté, lui aussi, par le démon de la curiosité, il fit avec son épée une ouverture au mur de la chambre où se cachait Mélusine, et l'aperçut sous la forme d'un serpent. Aussitôt, la malheureuse fée s'envola par la fenêtre, et elle resta enfermée depuis dans un souterrain du château de Lusignan. Elle ne sort de sa retraite, ajoute la tradition, que pour apparaître de temps en temps au-dessus de la grande tour et annoncer par ses cris aigus que le malheur ou la mort menace de frapper un des membres de la famille.

Quelques-uns ont prétendu qu'en disant *cris de Merlusine,* on faisait allusion aux cris étouffés que les habitants du pays croyaient entendre sortir du château; mais il faudrait alors que notre expression fût synonyme de plaintes ou gémissements, et ce n'est point avec cette signification qu'elle est entrée dans notre langue: *Pousser des cris de Merlusine* a toujours voulu dire pousser des cris perçants.

**Arriver comme marée en carême.** — Arriver à propos. Une expression qui est aussi d'un usage très-fréquent, est : *Cela vient comme mars en carême,* cela ne manque jamais d'arriver à une certaine époque. — Il n'est pas rare d'entendre employer ces deux expressions l'une pour l'autre, et nous croyons utile d'insister sur le sens différent de chacune. La *marée* peut manquer, le pauvre Vatel en sut quelque chose; si donc elle vient, et si elle vient surtout au moment où l'usage de la viande est proscrit, elle arrive très à propos. Mars, au contraire, est inévitable, il ne peut manquer d'arriver, et toujours il arrive à l'époque du carême. La première expression se dit donc d'une chose qui vient à point nommé, au moment où on la désire; la seconde, d'une chose qui arrive toujours en son temps et qui ne peut pas faire défaut.

**A demain les affaires sérieuses.** — On répète à chaque instant cette phrase pour exprimer qu'on veut être tout à ses plaisirs, qu'on oublie, pour un jour, le tracas des affaires. Nous rappellerons les circonstances dans lesquelles elle a été dite pour la première fois. Les Thébains gémissaient sous l'oppression d'Archias et de Léontidas. — Pélopidas, Melon, Damoclides, Théopompe, Epaminondas et quelques autres forment le projet de les affranchir de ce joug odieux. — Philidas, l'un des conjurés, se fait nommer greffier d'Archias et de Philippe, qui étaient alors polémarques, et les invite à un magnifique souper, afin de les livrer aux conjurés au moment où ils seront plongés dans le vin et énervés par la débauche. C'est pendant ce souper qu'un exprès envoyé d'Athènes vint apporter à Archias une lettre contenant un détail exact de la conjuration. « Ce courrier, conduit auprès d'Archias, le trouva plein de vin ; et, en lui remettant la lettre, il lui dit que la personne qui l'envoyait le priait de la lire sur-le-champ, parce qu'il y était question d'affaires sérieuses. « *A demain les affaires sérieuses,* » lui répondit Archias ; et mettant la lettre sous le chevet de son lit, il reprit sa conversation avec Philidas. Ce mot « à demain les affaires » est passé depuis en proverbe, et il est encore en usage parmi les Grecs [1]. »

**Les Français.** — C'est sous ce nom qu'on désigne communément le premier théâtre de France et, par conséquent, — nous le disons par amour de la vérité plus encore que de la patrie, — la première scène du monde. De ce qu'un théâtre de Paris a spécialement le nom de *Français,* un sauvage intelligent pourrait se croire autorisé à conclure que tous les autres théâtres sont étrangers. On sait quelle serait son erreur : aux théâtres du Gymnase, des Variétés, du Vaudeville, du Palais-Royal et dans les nombreux théâtres du boulevard du crime, on parle un français plus ou moins français, mais enfin on y parle le français. — La dénomination du théâtre de la rue Richelieu remonte à l'époque où il n'y avait d'autres théâtres impor-

_____
1. Plutarque. *Vie de Pélopidas.*

tants à Paris que celui de Molière et celui de la troupe italienne. C'est alors que, pour les distinguer, on disait, en prenant les acteurs pour le théâtre, *les Français* et *les Italiens*. «La troupe de Molière joua d'abord sur ce théâtre [1] les jours qu'on appelait extraordinaires, les lundi, mardi, jeudi et samedi, et les Italiens jouèrent les autres jours. Molière et ses camarades eurent à leur payer la somme de 1,500 livres pour cet arrangement. En Juillet 1659, la troupe italienne retourna dans son pays, et Molière prit alors pour ses représentations les dimanche, mercredi et vendredi, jours appelés ordinaires..... En Janvier 1662, quand Molière et sa troupe étaient installés au Palais-Royal, les Italiens étant revenus à Paris, alternaient de nouveau avec eux, mais en prenant à leur tour les jours extraordinaires, et, sur l'ordre du roi, en restituant aux *Français* (c'est l'expression dont se sert La Grange, qui fait ainsi connaître l'origine par opposition de cette appellation) les 1,500 livres qu'ils avaient précédemment reçues, et cela pour moitié des frais d'établissement de la salle du Palais-Royal. (Registre manuscrit de La Grange [2]). »

1. Le théâtre du Petit-Bourbon, situé vis-à-vis le cloître Saint-Germain-l'Auxerrois, dans la rue des Poulies, qui descendait alors jusqu'au quai.

2. Taschereau. *Histoire de la vie et des ouvrages de Molière.*

**Avoir de la corde de pendu.** — Quelques-uns ajoutent : dans sa poche. Mais que ce soit dans la poche ou ailleurs, cela veut toujours dire *avoir du bonheur*. Le peuple a longtemps attribué à la *corde de pendu* la propriété de porter bonheur. Il ne paraît même pas qu'il soit complétement revenu de ce préjugé, car l'année dernière encore, on lisait le fait suivant dans un journal de province : Vincent fils, cordonnier, s'est pendu à Cany. La foule de curieux qui assiégeait le domicile de ce malheureux suicidé, et la fureur de posséder un petit bout de cette corde de pendu à laquelle on attribue tant d'influence, étaient telles qu'on en est venu aux mains, et que, pendant quelques instants, la circulation sur la voie publique a été interrompue. — Nous ajouterons comme preuve d'un autre genre que récemment encore, à l'Opéra, on trouva, dans le troisième dessous, le cadavre d'un machiniste qui s'était pendu. Lorsque la corde fut coupée, toutes les dames de l'endroit, sirènes et sylphides, se groupèrent curieusement autour du cadavre. Bientôt on chercha la corde pour faire constater le suicide, mais ce fut inutilement : dans l'espace de quelques minutes, la corde avait disparu.

Ainsi on croit encore aujourd'hui que ce qui a été fatal à l'un doit être favorable à d'autres. Singulier raisonnement. C'est pousser bien loin la triste logique de Rousseau : « Le précepte de ne jamais nuire à autrui emporte celui de tenir à la société humaine le moins possible ; car, dans l'état social, le bien de l'un fait nécessairement le mal de l'autre. »

Rien n'est sauvage, au reste, comme certains préjugés : on a vu des malades tremper leur mouchoir dans le sang d'un supplicié, et le sucer avec ardeur dans l'espoir très-sérieux d'une guérison.

On dit aussi proverbialement : *C'est un homme de sac et de corde*, pour exprimer qu'il est capable de tout et qu'il mériterait de finir par le dernier supplice. Autrefois, on mettait dans un sac les criminels qui avaient été pendus et on les jetait à la mer.

**Nez à la Roxelane.** — Cette Roxelane qui nous a laissé son nez a joué un certain rôle dans l'histoire ottomane du XVIe siècle. — Sultane favorite de Soliman II, elle sut lui inspirer une telle passion qu'elle parvint, à force de ruse et d'habileté, à échanger les noms d'esclave et de sultane contre le titre de femme légitime. Mettant alors tout en œuvre pour satisfaire son ambition, elle fit périr *Mustapha*, fils de Soliman et d'une autre femme, afin d'assurer le trône à *Sélim*, son fils aîné. Déjà, quelques années auparavant, Roxelane avait contribué à la mort du grand-visir *Ibrahim*, et elle n'a laissé, avec sa réputation d'esprit et de beauté, qu'un souvenir odieux. Voilà, en deux mots, la Roxelane de l'histoire. Il en est une autre spirituelle aussi, mais beaucoup moins cruelle, qui, au mérite d'être habile et jolie, joignait celui d'avoir un nez retroussé. C'est ce nez trop négligé par l'histoire que Marmontel a relevé pour en faire l'instrument principal des faiblesses de Soliman le Magnifique. Le conte moral de Marmontel qu'on pourrait intituler : *Soliman II, ou ce que peut un nez retroussé,* tend à prouver, en effet, que Roxelane ne serait jamais arrivée peut-être à se faire épouser, si elle n'avait pas eu « un nez en l'air. » Telle est l'influence fascinatrice exercée par ce fameux nez, que, dans sa fureur même, l'empereur s'écrie : « Je l'avais bien prévu que ce petit nez retroussé aurait fait quelque sottise. » Enfin, quand Roxelane triomphe, et qu'au mépris des mœurs de l'Orient, elle va devenir la femme du héros turc, Soliman se dit tout bas en la conduisant à la mosquée : « Est-il possible qu'un petit nez retroussé renverse les lois d'un empire ! »

C'est ainsi que le nez de Roxelane est devenu assez célèbre pour donner son nom à la famille des nez retroussés.

Jetons, pour finir, un rapide coup d'œil sur l'intéressante variété des nez.

*Nez aquilin.* Il n'est pas rare d'entendre donner ce nom aux nez droits et effilés ; le mot *aqui-*

*lin* n'est là, cependant, que pour éveiller l'idée d'aigle, et un nez *aquilin* est un nez courbé en bec d'aigle. — C'est plus particulièrement le corbeau qui sert à stygmatiser les nez crochus ; on dit, dans une intention critique, *nez en bec à corbin.*

*Nez camus* ou *camards.* Bien que ces deux mots rappellent aussi la courbe, ils s'appliquent invariablement aux nez plats et écrasés. Les nègres pour lesquels ce morceau de chair qui avance sur la figure n'est point une beauté, mettent leurs soins et leur coquetterie à se rendre *camus.*

Le nez droit et bien proportionné, c'est, chez les femmes, *le nez grec,* et, chez les hommes, *le nez romain.* Ce sont les nez artistiques. — Il y a aussi, et nous ne devons pas l'omettre, *le nez gaulois,* qui nous a été révélé par Brillat-Savarin dans le portrait de M^lle Herminie de Borose : « La plupart de ses traits, dit-il, sont gros ; mais son nez est gaulois : ce nez charmant fait un effet si gracieux, qu'un comité d'artistes, après en avoir délibéré pendant trois dîners, a décidé que ce type, tout français, est au moins aussi digne que tout autre d'être immortalisé par le pinceau, le ciseau et le burin. »

Une dernière dénomination enfin qui, toute vulgaire qu'elle est, nous paraît assez heureuse, c'est *le nez en pied de marmite.* Ce nom dit si bien ce qu'il veut dire, qu'il est compris même par ceux qui n'ont jamais vu de marmites à pieds. Un nez ni petit, ni grand, large un peu à la base et qui n'a point de forme arrêtée, c'est *un nez en pied de marmite.*

**Amoureux des onze mille vierges.** — Dans le sens où l'on entend ce proverbe, aimer les onze mille vierges, c'est aimer toutes les femmes, c'est croire, dans le feu de la première jeunésse, que toutes les femmes sont également dignes de notre amour. — Ce chiffre énorme de onze mille adopté ainsi pour terme de comparaison, a frappé les incrédules, et ils ont mis en doute ce que rapporte la tradition sur le martyre de sainte Ursule et de ses nombreuses compagnes. Les onze mille vierges étant venues, sous la conduite de sainte Ursule, fonder un monastère sur les bords du Rhin, auraient été mises à mort par les Huns, près de Cologne, vers l'an 384 [1]. — Quelle que fût son ardeur chrétienne, sainte Ursule ne peut avoir réuni une telle armée de vierges, et quelle

1. « On ignore en quel temps, en quel lieu sont nées les onze mille vierges, en quelle année elles ont souffert le martyre. Sigebert fait de sainte Ursule la fille d'un très-noble prince de la Grande-Bretagne, nommé *Nothus ;* mais Geoffroy de Saint-Asaph lui donne pour père un de Cornouailles, nommé *Dionocus,* et Pierre Noël en fait une Ecossaise, fille de *Maurus,*

que fût leur barbarie, les Huns n'ont pas pu les tuer. Et puis, onze mille personnes pour fonder un monastère, c'est beaucoup. On a donc fait des recherches pour expliquer ce chiffre impossible, et l'on a découvert qu'il était, selon toute apparence, le résultat d'un malentendu. Une inscription portant : *S. Ursula et XI M. V.* avait été traduite : *sainte Ursule et onze mille vierges*, tandis qu'on pouvait tout aussi bien l'interpréter par les mots : *sainte Ursule et onze martyres vierges*. Cette dernière interprétation paraissait d'autant plus rationnelle qu'on lit dans un catalogue de reliques, tiré du *Spicilége* du P. D. Luc d'Acheri : *De reliquiis SS. undecim virginium, Reliques des onze saintes vierges.* — D'après une autre version, sainte Ursule n'avait qu'une seule compagne nommée Undecimille, et c'est de ce nom, pris pour une abréviation de *undecim millia* que sont sorties les onze mille vierges. Nous laissons aux personnes qui savent quelque chose sur le compte de sainte Undecimille le soin d'apprécier ce que vaut cette opinion.

puissant roi de ces contrées. Geoffroy prétend qu'elle fut promise en mariage à *Commanus*, l'un des petits souverains de la Grande-Bretagne, et Noël soutient que ce fut à *Eleutherus*, monarque suzerain de toute l'Angleterre. Sigebert fixe l'époque de son martyre à l'an 453 et Baronius le recule à l'an 383 ; d'autres écrivains le mettent à l'an 440. » (Salgues.)

**Représenter les armes de Bourges. —** Cette expression ne figure dans notre langue qu'à titre de quolibet; elle n'a aucun objet essentiel, et si elle n'était pas encore très-usitée dans le langage familier, on pourrait la supprimer avec avantage. Les armes de Bourges étant un âne dans un fauteuil, on dit à ceux qu'on voit assis nonchalamment dans un bon siége qu'*ils représentent les armes de Bourges.* Cette plaisanterie, on le voit, n'est pas du meilleur goût. — Il n'a été donné jusqu'ici, sur l'origine de ces armes singulières, aucune explication plausible, et nous reproduirons, faute de mieux, celle qui remonte à César et qu'on a été chercher au Vatican. « L'origine de ce proverbe se trouve dans un manuscrit latin de la bibliothèque du Vatican, plein de remarques curieuses sur les *Commentaires* de César. On y lit que, pendant le siége de Bourges, Vercingetorix, chef des Gaulois, commanda à un capitaine, nommé Asinius Pollio, de faire une sortie sur les troupes de César; celui-ci ne pouvant conduire lui-même ses soldats au combat, parce qu'il était incommodé de la goutte, envoya un lieutenant; mais une heure après, comme on vint lui dire que ce lieutenant lâchait pied, il se fit porter dans une chaise aux portes de la ville, et anima tellement ses soldats par ses discours et par sa présence, qu'ils reprirent courage, retournèrent contre les

Romains et en tuèrent un grand nombre. Une si belle action fit dire qu'Asinius, dans sa chaise, avait autant contribué à la défaite de l'ennemi que les armes de ses soldats. Quoique le mot armes ne signifie point ici armoiries, et qu'il y ait de la différence entre les mots Asinius et Asinus, on n'en a pas moins dit : *Asinus in cathedra,* un âne dans un fauteuil, et pris cet âne pour les armes de Bourges. »

**Satire ménippée.** — Pamphlet politique contre la ligue, qui parut en 1594, et qui se compose du *Catholicon d'Espagne* par Leroy, et de l'*Abrégé de la tenue des états,* par Passerat, Rapin, Gillot, Florent, Chrétien et Pierre Pithou [1]. — Cette satire, qui tournait les ligueurs en ridicule et dévoilait leurs manœuvres, servit beaucoup la cause de Henri IV. « La *Satire ménippée* ne fut guère moins utile à Henri IV que la bataille d'Ivri. Il s'en fit trois éditions en trois semaines, et quelques mois après Paris ouvrait ses portes à ce bon prince, aux acclamations de tous les bons citoyens. » (Président Hénault.)

---

1. Passerat et Rapin firent les vers ; Gillot, la harangue du cardinal-légat ; Florent Chrétien, celle du cardinal Pellevé, et Pierre Pithou, celle de M. d'Aubray. C'est aussi à Rapin que sont dues les harangues de l'archevêque de Lyon et du docteur Rose.

En désignant depuis deux siècles et demi sous le nom de *ménippée*, la plus importante des satires auxquelles la Ligue ait donné naissance, on a un peu oublié que *Satire ménippée* est non-seulement le titre d'un livre, mais aussi et avant tout le nom d'un genre d'ouvrage. — Un esclave éloquent, Ménippe, élève de Ménédème le cynique, ayant fait, en vers et en prose, des railleries mordantes contre les hommes de son époque, on donna son nom à cette espèce de satire. C'est Ménippe que Lucien appelle *le plus hargneux et le plus acharné de tous les dogues que sa secte ait enfantés.*

Ménippe le satirique a eu pour imitateurs, chez les Latins, Varron, Sénèque et Pétrone. Les *Césars* de Julien, et la *Consolation de la philosophie* par Boëce, sont aussi des satires ménippées. — Ce mélange de vers et de prose qui caractérisait dans la forme les satires ménippées, ne fut pas observé dans la suite, et cette modification fit distinguer la ménippée en prose de la ménippée versifiée. L'*Ane d'or* d'Apulée, les *Lettres des gens obscurs* de Reuchlin et Hutten, le *Tristram Shandy* de Sterne, le *Gulliver* de Swift, sont des ménippées en prose. On cite, comme exemple de ménippées versifiées, *le Voyage au Parnasse* de Caporali, *l'Hudibras* de Butler, *la Dunciade* de Pope, *le Lutrin* de Boileau, et même le *Temple du goût* de Voltaire.

**Yeux de lynx.** — Le lynx de la fable avait des yeux assez perçants pour voir à travers les murailles, et c'est à celui-là que notre mot fait allusion. Cet animal extraordinaire avait en outre la faculté de produire des pierres précieuses; son urine devenait un corps solide appelé *lapis lincurius*, que le lynx dérobait aux regards des hommes en le couvrant de terre.

L'espèce de chat que nous appelons *lynx* a aussi l'œil vif, brillant, et voit sa proie de très-loin. Il ne produit ni rubis, ni escarboucles, mais il a conservé les habitudes de propreté de la famille à laquelle il appartient, et il cache encore beaucoup de choses aux regards des hommes.

On voit qu'en dépouillant le lynx antique des exagérations qui en ont fait un animal merveilleux, on retrouverait aisément le nôtre, et l'on ne sait pourquoi Buffon a voulu qu'il n'ait d'autre rapport avec le vrai lynx que celui du nom.

La comparaison de notre proverbe pourrait donc, au besoin, ne pas remonter à la fable pour être juste. Les personnes qui ont une bonne vue ou qui, au figuré, ont un coup d'œil pénétrant, ne perdraient rien de leurs avantages si on les comparait simplement au lynx de notre époque.

On retrouve un exemple du goût que les anciens avaient pour ce genre de merveilleux dans les qualités qu'ils attribuent aussi à la vue de *Lyncée,* l'un des Argonautes qui accompagnèrent *Jason* à la conquête de la Toison d'or. Sa vue était si perçante, dit-on, qu'il voyait ce qui se passait dans les cieux et dans les enfers. Il devait cette réputation à ses observations astronomiques et aux moyens qu'il avait employés pour découvrir les mines.

**Faire four.** — Cette expression que l'Académie n'a pas légitimée est très-usitée de nos jours pour exprimer la non-réussite, l'insuccès. Elle est particulièrement consacrée en style de théâtre. La Grange, dans son Registre, après avoir sorti hors ligne la somme très-faible que produisit chacune des trois premières représentations de la *Zénobie* de Magnon, met comme résultat de la quatrième : *un four*. — Le drame sifflé, le débutant mal accueilli, la chanteuse enrouée, le tragédien amusant et le comique plaisanterie à part, comme dirait Rivarol, tout cela, sur la scène, se caractérise par le mot *faire four*. Il n'y a pas à revenir sur une pièce qui a *fait un four complet*.

*Faire four* se disait autrefois des comédiens qui renvoyaient les spectateurs avant la représentation, parce qu'il n'était pas venu assez de monde pour couvrir les frais. — C'est cette expression qui nous est restée avec une signification plus étendue et aussi un peu détournée, puisque aujourd'hui les acteurs se résignent, quand la salle est vide, à jouer devant les banquettes.

Ce mot *four*, dit ainsi à propos des rares spectateurs qu'on renvoyait comme ils étaient venus, a été peut-être emprunté, dans le principe, aux usages de cette comédie italienne qui a longtemps occupé, personne ne l'ignore, une place importante dans les plaisirs de Paris. Le mot *fuori* (dehors) était fréquemment employé au théâtre; aujourd'hui encore, en Italie, quand le public veut rappeler tout le monde, c'est-à-dire faire sortir tous les acteurs des coulisses, il crie : *Fuori ! fuori !* — *Dehors* est donc l'idée qui nous semble avoir donné naissance à l'expression usitée autrefois dans un sens restreint : *faire four* c'était mettre dehors. — La prononciation italienne explique les altérations que ce mot a dû subir pour prendre les allures françaises : de *fuori* prononcé en mettant l'accent sur la première syllabe et en laissant mourir le son *i* (fouor), on arrive presque naturellement et sans transition au mot *four*.

**Payer en monnaie de singe.** — Avoir recours, pour se dispenser de payer, aux belles paroles, aux caresses ou à toute autre grimace. — Cette expression a pour origine l'un des articles du livre des métiers d'Étienne Boileau, prévôt sous saint Louis, relatif au péage du Petit-Pont à l'en-

trée de Paris. Il est stipulé, en effet, dans cet article, que tout jongleur porteur d'un singe s'ac-
quittera de ce qu'il devrait payer pour ce singe et
pour les choses à son usage, en le faisant jouer et
gambader devant le péager.

**Lit de Procruste.** — Mettre *sur le lit de
Procruste*, c'est réduire mal à propos les choses
pour leur donner les proportions des objets auxquels on veut les adapter. « Si la belle et fière organisation de Corneille n'avait pas été misérablement assujettie par l'Académie de son temps aux
dimensions de ce lit de Procruste, sur lequel tous
les génies de la France devaient être torturés à
leur tour, il aurait laissé plus de types qu'il ne l'a
fait, car la nature lui avait donné au plus haut degré la puissance d'invention. » (Ch. Nodier.)

Le Procruste qui a donné lieu à cette expression remonte aux temps héroïques. C'était un brigand de l'Attique, qui, non content de dépouiller
les voyageurs, leur faisait subir de cruelles tor-
tures. Après les avoir étendus sur un lit, il leur faisait couper les jambes s'ils étaient plus grands que ce
lit, et leur faisait tirer les membres par des cordes
s'ils étaient plus petits. — On dit que Thésée le fit
mourir par le même supplice ; mais on ne nous
apprend pas s'il fut allongé ou raccourci.

Le *lit de Procruste* ne se dit, au figuré, que

des choses réduites, étriquées; on ne l'emploie pas, comme l'histoire de notre brigand permettrait de le faire, en parlant des choses qu'on allonge sans raison ou sans utilité. On ne dirait pas, par exemple, qu'on met sur le lit de Procruste le roman qu'on délaie outre mesure pour lui faire remplir un plus grand nombre de feuilletons.

**Rôtir le balai.** — *Rôtir le balai* se dit d'une femme qui a mené une vie licencieuse et désordonnée. C'est une allusion au balai enflammé que tenaient les sorcières en se rendant à ces assemblées du sabbat qui, selon la tradition populaire, avaient lieu à minuit sous la présidence du diable. Cette course nocturne des sorcières qui allaient au sabbat rappelle à l'esprit les femmes qui s'abandonnent aux plaisirs effrénés de la débauche, et qui ont toutes, comme celle de la satire de Regnier,

> Un balet, pour brusler en allant au sabat.

L'Académie applique aussi cette locution aux hommes qui ont passé plusieurs années dans un emploi de peu de considération; dans ce cas, le sens ne se rapporte plus à l'origine; ce n'est que par extension que *rôtir le balai* peut se dire des hommes et avec cette signification.

**Les Quinze-Vingts.** — On désigne sous ce nom un hospice spécial pour les aveugles situé à Paris, rue de Charenton. Il doit ce nom des *Quinze-Vingts*, — que autant vaudroit nommer trois cents, comme dit Villon, — au nombre d'aveugles pour lequel il fut fondé par saint Louis, vers l'an 1254. Nous empruntons au *Dictionnaire des rues et monuments de Paris*, de MM. Lazare frères, les détails qui suivent sur l'origine de la fondation de l'hospice des Quinze-Vingts :

« Parmi les grands établissements créés par le saint roi, l'*hospice des Quinze-Vingts* figure au premier rang. Mais si tous les historiens se sont trouvés d'accord pour faire honneur de cette pieuse fondation à Louis IX, deux opinions différentes ont été avancées sur la destination première de cet asile.

« Avant le treizième siècle, » — dit Jaillot, dont l'avis est adopté par plusieurs autres écrivains — « les « pauvres de la ville de Paris s'étaient réunis dans « le but de former une société ou congrégation, « dont les membres devaient vivre en commun « des ressources que leur procurait la charité des « fidèles. Mais souvent ces infortunés manquaient « de secours lorsque l'âge et les infirmités ne leur « permettaient plus de les aller chercher au loin. »

« Saint Louis, le premier, établit un hôpital destiné à recevoir ces aveugles, qui devaient être au nombre de *trois cents*, nourris et entretenus aux frais de la commune.

« Quelques historiens ont avancé que saint Louis avait fondé cet établissement pour donner asile à trois cents chevaliers auxquels les Sarrasins avaient fait crever les yeux. Les lettres-patentes données au mois de mai 1546 par François I^er semblent confirmer cette opinion. On lit dans ces lettres, portant règlement de l'hospice des Quinze-Vingts :

« François, par la grâce de Dieu, roy de France,
« à tous présents et advenir salut et dilection.....
« Comme de tout temps et ancienneté, pour la
« nourriture, hospitalité et entretennement des
« povres mallades impuissans de gaigner leurs
« vies, affluans en notre royaulme, paiis, terres et
« seigneuries, aient été par nous et noz prédé-
« cesseurs roys, fondez plusieurs lieux pitoiables,
« Maison-Dieu et hospitaulz, ez quels lieux ils sont
« reçus, nourris et alimentez, selon les facultez du
« revenu, ordonnance et statutz d'iceulz, entre les
« quels lieux pitoiables auroit esté, par feu nostre
« progéniteur le roy saint Loys, fondez en nostre
« bonne ville et cité de Paris, *la maison et hos-*
« *pital des 15/20 de Paris, en mémoire et récor-*
« *dation de trois cents chevaliers qui en son*
« *temps et règne eurent les yeulz crevés pour*
« *soustenir la foi catholique, etc.....* »

Les bâtiments destinés à l'établissement des Quinze-Vingts furent élevés par le célèbre architecte Eudes de Montreuil, sur un terrain appelé *Champ-Pourri* et situé à l'endroit où l'on a vu depuis les rues de Rohan, de Montpensier, de Beaujolais, de Chartres, des Quinze-Vingts et de Valois. — En 1779, cet hospice fut transféré rue de Charenton où il est maintenant, dans un hôtel occupé anciennement par les mousquetaires noirs.

Le nom de *Quinze-Vingts* sert quelquefois aussi à désigner les aveugles de l'hospice :

O nuict, jalouse nuict :
Car il sembloit qu'on eust aveuglé la nature ;
Et faisoit un noir brun d'aussi bonne teinture,
Que jamais on en vit sortir des Gobelins.
Argus pouvoit passer pour un des *quinze-vingts*.

(Regnier.)

**Dès le potron-minet.** — *Potron* est un vieux mot français qui se disait du petit d'une jument et qui s'est appliqué, par extension, aux petits de tous les quadrupèdes. *Minet* signifiant *chat*, *dès le potron-minet* veut dire : aussitôt que le petit chat. *Se lever dès le potron-minet*, se lever dès l'aube, de grand matin, en même temps que les chats. Cette expression correspond à l'ancien proverbe : *Dès que les chats seront chaussés.*

On emploie aussi dans la même phrase et avec

la même signification le mot *potron-Jaquet*. Nous demandons qu'on le supprime, non parce qu'il nous semble bas, comme aux auteurs de Trévoux, mais il est superflu puisqu'il ne dit rien de plus que *potron-minet*.

**Fil d'Ariane.** — Quelques jeunes gens d'Athènes et de Mégare ayant tué Androgée, qui leur enlevait tous les prix aux jeux Olympiques, Minos II, roi de Crète, déclara la guerre aux Athéniens pour venger la mort de son fils. En même temps que ce roi mettait tout à feu et à sang, les dieux frappaient l'Attique de peste, de stérilité et de sécheresse. D'après l'oracle d'Apollon, les Grecs ne pouvaient apaiser la colère des dieux qu'en faisant la paix avec Minos. Ce roi y consentit à la condition qu'on lui payerait, pendant neuf ans, — ou tous les neuf ans, car c'est un point sur lequel on n'est pas d'accord, — un tribut de sept garçons et de sept jeunes filles. Quand les députés de Minos vinrent demander ce tribut pour la troisième fois, Thésée était à Athènes. En entendant les murmures du peuple qui accusait Égée de son malheur et lui reprochait de n'avoir aucune part à la punition, Thésée s'offrit volontairement pour aller en Crète, et, malgré les supplications du roi, il partit avec les enfants que le sort avait désignés. Ces enfants

étaient condamnés par Minos à errer toute leur
vie, sans qu'il leur fût jamais possible de s'échapper, dans le fameux labyrinthe de Crète, construit
par l'architecte Dédale[1]. La Fable dit même qu'ils
devenaient la proie du minotaure[2] enfermé dans
le labyrinthe.

Lorsque Thésée arriva en Crète, Ariane, fille
de Minos, le vit et l'aima. Elle conçut aussitôt le
projet de le sauver, et lui donna un peloton de fil
qui devait le guider dans les détours du labyrinthe.
Aidé par ce secours, Thésée tua le minotaure,
revint sur ses pas, sortit du labyrinthe, et se sauva
de Crète emmenant avec lui sa libératrice et les
enfants dont il avait voulu partager le sort.

**Faute d'un point Martin perdit son
âne.** — Ce proverbe a eu, selon les temps, des
formes diverses[3]; toutes répondent à l'idée qu'on

1. C'est le nom de cet architecte qui nous est resté pour exprimer les complications, les embarras et les difficultés dont
on ne peut pas sortir. On fait aussi avec ce nom allusion au
labyrinthe.

2. Monstre au corps d'homme et à la tête de taureau, fruit
des amours de Pasiphaé, femme de Minos, avec un taureau.
Neptune avait inspiré cette passion à Pasiphaé pour se venger
d'une offense de Minos. — Le Minotaure (Minos, Taurus) se
nourrissait de chair humaine.

3. « Voici les différentes rédactions que l'on trouve de ce proverbe ; j'ai suivi l'ordre chronologique :

attache à l'expression, aucune ne rappelle exactement les origines qu'on a voulu lui donner. Pour
escalader la difficulté, on a dit, — et c'était chose
facile, — qu'un certain Martin ayant joué son âne
aux dés, l'avait perdu au moment où il ne lui manquait plus qu'un seul point pour le gagner. Mais
en bonne conscience, les savants ne pouvaient
guère se contenter de cette origine improvisée :
ils ont pensé qu'il fallait demander à la science
l'explication de ce proverbe, et voici la belle histoire qu'ils nous ont racontée :

Un abbé, nommé Martin, avait ordonné qu'on
écrivît sur la porte de son abbaye d'Azello :

*Porta patens esto, nulli claudaris honesto.*

Au lieu de mettre la virgule après *esto,* on l'avait
mise par erreur après *nulli : Porta patens esto
nulli, claudaris honesto,* ce qui avait donné à
l'inscription un sens tout différent, puisque la

— Pour un point perdit Gibert son asne (Anc. Prov.),
XIIIe siècle.

— Pour un seul point Gaubert perdit son église (Prov. Gallic.),
XVe siècle.

— Pour un point perdit Martin son asne (Prov. communs
Goth.), fin du XVe siècle.

— Pour un point Baudet perdit son asne (Adages français),
XVIe siècle. ɛ

(Le Roux de Lincy. — *Le Livre des Proverbes.*)

porte, loin d'être ouverte à tout le monde, était fermée même à l'honnête homme. — Le pape (il paraît que c'est le pape lui-même qui passa par là), le pape fut choqué de cette inscription, et il retira l'Abbaye à ce pauvre Martin. Le successeur fit remettre à sa place la malencontreuse virgule, et pour perpétuer le souvenir des malheurs qu'elle avait causés, on ajouta ce vers au premier :

*Pro solo puncto caruit Martinus Azello.*

Aux personnes qui n'auraient pas encore aperçu d'âne dans cette histoire, on fait remarquer qu'*Azello* signifie *âne*, et qu'ainsi le vers ironique doit se traduire : Pour un point Martin perdit son âne, c'est-à-dire son *Azello*, son *abbaye d'Azello.*

On le voit, cette savante explication repose sur une virgule et sur un calembour. Elle a l'inconvénient de ne pas se rapporter beaucoup à notre proverbe, dans le sens où nous l'appliquons, mais elle a l'avantage de montrer à ceux qui méprisent la ponctuation quelle influence peut avoir sur les destinées humaines une virgule bien ou mal placée.

On est frappé, en y réfléchissant, des circonstances qui se sont fatalement réunies pour perdre l'abbé Martin : son abbaye s'appelle âne ou à peu près, il se nomme lui-même comme nos ânes, une ânerie lui enlève son abbaye, et il passe à la postérité, dans un proverbe, en compagnie d'un âne.

Pour expliquer le proverbe au moyen d'un âne qui ne soit pas l'*Azello* de l'abbé Martin, on a prétendu que *point* était une corruption du mot *poil*, et qu'autrefois on disait : *Pour un poil Martin perdit son âne.* On a raconté, à l'appui de cette opinion, une histoire aussi authentique que celle du Martin joueur de dés : Un nommé Martin ayant perdu son âne à la foire *ou autrement* réclamait un autre âne qui avait été trouvé. Le juge du village ayant décidé qu'on devait rendre cet âne, Martin croyait déjà le tenir lorsqu'on lui demanda de quel poil il était. Il répondit *gris*, et comme c'était *noir* qu'il eût fallu dire, Martin perdit son âne. « Ainsi, conclut l'ingénieux auteur de cette explication, pour n'avoir pas sceu dire de quel poil estoit son asne, il donna lieu à ce proverbe. » — Était-ce bien son âne, après tout, car enfin il est peu probable qu'il se fût trompé aussi grossièrement sur la couleur de sa propre bête ? Et puis, *un poil* veut-il dire *le poil* dans le sens de la couleur ? — Ce sont là des questions qu'il est permis de s'adresser. Mais les donneurs d'explications ne sont pas en peine pour si peu, et ils aplanissent tous les obstacles avec la variante que voici : Martin avait parié son âne que son âne était noir. Après avoir examiné attentivement l'animal, on lui trouva un poil blanc, et l'âne fut perdu pour Martin. — Il faut convenir que les tenants de Martin n'étaient guère de bonne foi s'ils prétendaient qu'on n'est pas noir parce qu'on a un poil blanc.

Quoi qu'il en soit de ces histoires d'ânes et d'abbaye, et du fond plus ou moins solide sur lequel elles reposent, le proverbe a été jugé bon et il est resté. On dit communément, en parlant de ceux qui échouent après avoir été sur le point de réussir, *Faute d'un point, Martin perdit son âne.*

**Calendes grecques.** —*Renvoyer quelqu'un aux calendes grecques* c'est l'envoyer à une époque qui ne viendra jamais, et par conséquent cela signifie refuser de faire ce qu'on désire ou ce qu'on exige de nous. — Cette expression vient de ce que les *calendes*, qui indiquaient le premier jour de chaque mois, n'existaient que chez les Romains. Il n'y avait pas de calendes chez les Grecs : la fête célébrée à la nouvelle lune en Grèce ainsi qu'en Egypte et en Syrie se nommait *néoménie* (nouveau mois). — Le payement des dettes à Rome était fixé aux calendes de chaque mois ; c'est ce qui explique pourquoi le mot *calende* est venu figurer dans une expression qui veut dire qu'on ne remplira jamais son engagement ou qu'on ne répondra point à une demande.

Peut-être trouvera-t-on que cette explication est superflue et qu'elle aurait dû prendre place plutôt dans un recueil de grosses ignorances. Nous pouvons assurer cependant qu'il est encore un certain nombre de personnes qui ne savent que très-vaguement à quoi s'en tenir sur les calendes grecques. On nous a parlé d'un rédacteur de journal de théâtre qui croit consciencieusement que les calendes grecques sont un pays très-éloigné; quand il ne veut pas voir les gens de longtemps il les envoie sans remords aux calendes grecques, et il compte bien qu'ils n'en reviendront pas. C'est la confiance de ce digne journaliste qui nous a décidé. — Il doit être parent d'un monsieur très-vertueux de notre connaissance qui ne parle jamais d'une femme de mœurs dissolues sans s'écrier : *C'est une messénienne !*

**Manger des poires d'angoisse.** — Être dans l'inquiétude, éprouver quelque chagrin, quelque mortification sensible. Cette expression vient sans nul doute de cet instrument de fer, à ressort et en forme de poire, que les voleurs introduisaient dans la bouche de leurs victimes pour les empêcher de crier, et qu'on nommait *poire d'angoisse.* « Cet instrument était une sorte de petite boule, qui, par de certains ressorts intérieurs, venait à s'ouvrir et à s'élargir, en sorte qu'il n'y avait moyen de la refermer ni de la remettre à son premier état qu'à l'aide d'une clef faite expressément pour ce sujet. » (Inventaire général de l'histoire des larrons.) L'invention de cette machine est attribuée à un nommé Gaucher, capitaine, servant du temps de la Ligue dans le parti espagnol. — On ne dit guère, dans le langage familier, *manger des poires d'angoisse* : l'expression plus usuelle, plus populaire, pour indiquer de même qu'on est inquiet, tourmenté, c'est *avaler des couleuvres*. La première expression nous semble cependant préférable pour peindre un état d'angoisse et d'anxiété.

**Parler français comme une vache espagnole.** — Nous ne voulons apprendre la géographie à personne, mais nous rappellerons à ceux qui pourraient n'y plus songer que les provinces basques baignées par les eaux du golfe de Gascogne avoisinent la Navarre et la France ; que les arrondissements de Bayonne et de Mauléon (Basses-Pyrénées), qu'on appelait aussi autrefois Basse-Navarre, ont fait partie de ces provinces, — et qu'enfin le nom du peuple qui habite ce pays vient du mot basque *vaso*, qui signifie *montagne*, et qui, pris adjectivement, s'est augmenté de la finale *co*, pour devenir *vasoco*, et, par contraction, *vasco*, montagnard. Les Français qui savaient peu l'espagnol, et qui d'ailleurs n'y regardaient pas de si près, ont dit *vacco*, et puis *vacce*.

On voit où nous voulons en venir. Quand on a dit dans le principe : *parler comme un vacce espagnol*, on a voulu faire allusion aux habitants des provinces basques de l'Espagne, dont l'idiome porte encore tous les caractères d'une langue primitive et qui étaient très-inhabiles à s'exprimer en français ; — mais *vacce* dans le temps où le latin laissait partout des traces, se disait pour *vache ;* les paysans ont même conservé ce mot dans beaucoup de nos provinces. — De là est venue la confusion : loin des Pyrénées, ce mot *vacce* pris pour *basque* n'était pas entendu de tout le monde, et comme, au contraire, il était très-usité dans le sens de *vache*, on a été amené insensiblement à consacrer ce non sens devenu proverbe : *parler français comme une vache espagnole.*

**Anneau de Gygès.** — *Candaule*, le dernier roi de Lydie, le plus inconséquent de tous peut-être, fit confidence à *Gygès*, son favori, des charmes de sa femme, et l'admit à les voir au moment où elle sortait du bain.

La reine, pour se venger de cette vanité maritale, proposa à Gygès de tuer Candaule, et de prendre sa place sur le trône de Lydie. Comme tous les maris indiscrets, Candaule fut puni de n'avoir pas su cacher son bonheur, et Gygès, devenu roi, fut moins heureux que le berger Aglaüs. Telles sont, d'après Hérodote, les circonstances réputées historiques dans lesquelles Gygès usurpa le trône de Lydie. Le merveilleux anneau dont parle Platon appartient à la fable et n'a dû être imaginé que pour remplacer avec honneur, dans les annales lydiennes, les erreurs de Candaule. La terre s'étant ouverte sous les pieds de Gygès, il descendit dans l'abîme ; il y vit un monstrueux cheval, dans les flancs de ce cheval, un homme, et au doigt de cet homme, un anneau ayant la vertu de rendre invisible celui qui le portait. Gygès prit cet anneau et s'en servit pour ôter sans péril la vie à Candaule et s'emparer du trône. Si tout n'était pas permis à la fable, on pourrait désirer savoir à quoi Gygès reconnut les vertus de cet anneau et comment il s'en empara.

Cette vieille faiblesse humaine qu'on nomme curiosité et souvent indiscrétion a fait évoquer en tout temps le fameux anneau. De nos jours le souvenir s'en efface : depuis que Balzac a révélé tous les mystères du cœur et que madame de Girardin a écrit une nouvelle qu'on n'oubliera pas, on a abandonné l'*anneau de Gygès* pour *la canne de M. de Balzac.*

## Faire la figue. —

Plusieurs se sont trouvés qui d'écharpe changeants
Aux dangers ainsi qu'elle ont souvent fait la figue.
Le sage dit selon les gens,
Vive le roi ! Vive la Ligue !
(La Fontaine. — *La chauve-souris et les deux belettes.*)

On le voit par cet exemple, l'expression *faire la figue* est d'usage dans le sens de narguer quelqu'un, se moquer de lui. Elle nous vient d'Italie. La plus grande injure que l'on puisse faire à un Milanais c'est de lui montrer le bout du pouce serré entre deux doigts en lui disant : *Ecco la fica.* C'est, en effet, une allusion à un événement unique en son genre et qui a dû laisser dans le peuple des souvenirs humiliants. Voici l'histoire, telle que la raconte l'abbé Tuet ; nous laissons à l'auteur des *Matinées sénonaises* le soin de lui donner des voiles : « Les Milanais s'étant révoltés contre Frédéric, avaient chassé de leur ville l'impératrice son épouse, montée sur une vieille mule nommée Tacor, et ayant le dos tourné vers la tête de la mule et le visage vers la queue. Frédéric les ayant subjugués, fit enfoncer une figue sous la queue de Tacor et obligea tous les Milanais captifs d'arracher publiquement cette figue avec les dents, et de la remettre au même lieu sans l'aide de leurs mains, sous peine d'être pendus sur-le-champ, et ils étaient obligés de dire au bourreau qui était présent : *Ecco la fica.* »

« **L'ung d'eulx**, voyant le pourtraict papal (comme estoit de louable coustume publiquement le monstrer es iours de feste a doubles bastons), luy feit la figue : qui est en icelluy pays signe de contemnement et de dérision manifeste. » (Rabelais.)

**Adieu.** — *Adieu* est un de ces mots heureux inventés par le cœur. — Je vous quitte, je ne serai plus là pour prendre ma part de vos joies et de vos peines, pour veiller sur vous, et pendant ce temps qui va nous séparer, je vous recommande à Dieu : qu'il vous protége et vous conserve à ceux qui vous aiment. Mais *adieu* veut dire : il faut nous éloigner; nous nous aimerons toujours, et peut-être nous ne nous reverrons plus. Aussi, cette parole, quoique bonne et consolante, est toujours une parole de tristesse.

> Adieu ! mot qu'une larme humecte sur la lèvre ;
> Mot qui finit la joie et qui tranche l'amour ;
> Mot par qui le départ de délices nous sèvre ;
> Mot que l'éternité doit effacer un jour !
> Adieu !... Je t'ai souvent prononcé dans ma vie,
> Sans comprendre, en quittant les êtres que j'aimais,
> Ce que tu contenais de tristesse et de lie,
> Quand l'homme dit : Retour ! et que Dieu dit : Jamais !
>
> (Lamartine.)

On dit tous les jours, on écrit même souvent dans les romans et au théâtre : *Adieu, ou plutôt... au revoir !* Il semble que le mot *adieu* soit réservé pour les séparations éternelles. Pourquoi cela? pourquoi ne pas dire *adieu* le soir à ceux qu'on doit retrouver le lendemain ?

Le mot *au revoir* nous rappelle qu'on se demande quelquefois si l'on doit dire *au revoir* ou *à revoir*. En considérant ces deux expressions comme elliptiques et comme voulant dire, l'une, *au plaisir de vous revoir,* l'autre, *à l'avantage* ou *à l'honneur de vous revoir,* elles pourraient être également adoptées et servir même à établir une distinction entre le congé du sentiment et celui du respect; mais la différence ou plutôt la nuance serait un peu délicate, et il vaut mieux, comme on l'a fait, s'en tenir à un seul mot. De l'avis des grammairiens, c'est l'expression *au revoir* qui est la bonne. La raison en est, selon toute apparence, que le verbe *revoir* était autrefois usité comme substantif; il y avait ainsi dans l'ancien français un grand nombre d'infinitifs qui s'employaient substantivement, et l'on disait *le revoir* comme nous disons encore *le manger, le boire, le parler.*

**Attendez-moi sous l'orme.** — On lit dans

le *Dictionnaire étymologique* de MM. Noël et Carpentier :

> Attendez-moi sous l'orme,
> Vous m'attendrez longtemps.
> (Regnard. — *Attendez-moi sous l'orme,*
> sc. dern.)

« Cette petite comédie, représentée en 1694, a probablement donné lieu à l'expression proverbiale. »

Il y a erreur : c'est le proverbe qui a inspiré la comédie, et non la comédie qui a donné naissance au proverbe.

*Attendez-moi sous l'orme* répond à cette idée : Le rendez-vous que vous me donnez m'est désagréable, et je ne m'y rendrai pas. Or le type des rendez-vous désagréables est une assignation qui vous appelle à comparaître par-devant les juges, et c'est à celui-là que, dans l'origine, on a fait allusion en disant : *Attendez-moi sous l'orme.*

« Aux villages, disent les auteurs de Trévoux, on plante un orme devant l'église, dans le carrefour ; d'où sont venues ces phrases proverbiales : danser sous l'orme ; juges de dessous l'orme : on appelait ainsi les juges pédanés qui rendoient leurs sentences sous l'orme ; attendez-moi sous l'orme, qui se dit pour donner un rendez-vous où l'on n'a pas dessein de se trouver. L'origine de ce proverbe vient de ce qu'autrefois les juges tenoient leur jurisdiction à la porte des maisons des seigneurs, et d'ordinaire sous un arbre planté devant le manoir seigneurial. On les appeloit les plaids de la porte, comme témoigne Loiseau : et parce que d'ordinaire il y avoit un orme, c'est pour cela qu'on a dit des premières assignations données en justice, *Attendez-moi sous l'orme.* »

De nos jours, on *n'attend plus sous l'orme* qu'au figuré. L'usage de planter un orme devant l'église ou à la porte des maisons seigneuriales a disparu depuis longtemps. Nous qui aimons les arbres, nous le regrettons, car nous aimerions à rencontrer souvent des ormes comme celui que l'on voit à Paris, rue Saint-Jacques, au milieu de la cour de l'établissement des *Sourds-Muets :* il a cinquante mètres de haut et cinq mètres de circonférence. Cet orme, le plus beau de France peut-être, est, dit-on, l'un des six mille pieds d'arbres qui furent plantés sous Henri IV, par les soins de François Myron, et en partie au moyen de ses ressources personnelles.

**Bas-bleu.** — Si ce mot était de nous, s'il avait pris naissance à Paris au milieu de notre société élégante et de nos femmes bien chaussées, nous ferions peu de difficulté de lui trouver une explication raisonnable. Toutes les Parisiennes sont élégantes : riches ou pauvres, belles ou laides, jeunes ou vieilles, toutes savent apporter dans leur toilette ce je ne sais quoi que le génie pourrait seul nommer, qui répare toutes les erreurs de la nature et qui constitue cette aisance, cette grâce, ce charme séduisant que bien des femmes plus jolies et mieux douées chercheraient vainement à surpasser. — Ce qui distingue surtout la femme de Paris, c'est la chaussure ; elle possède au suprême degré le talent de se chausser et elle excelle dans l'art de marcher. Prenez une femme au hasard, donnez-lui des bas blancs et une paire de bottines, et lancez-la dans Paris par le temps que vous voudrez. Elle traversera les rues, les places, les boulevards, les voies le plus horriblement macadamisées, et après avoir légèrement rebondi partout en posant la pointe de son pied avec autant de souplesse que de sûreté, elle vous présentera une chaussure irréprochable : pas une marque à la bottine, pas une tache au bas blanc. La bottine et le bas blanc sont les auxiliaires les plus puissants de la coquetterie parisienne. Aussi, il n'est pas de femme, si humble que soit sa position, qui ne porte des bas blancs. Pour que la femme de Paris portât des bas gris ou bleus, il faudrait qu'elle eût abdiqué toute coquetterie, qu'elle eût renoncé à briller par les attraits extérieurs, c'est-à-dire qu'elle eût compté pour plaire sur d'autres charmes que la beauté. Les savantes et les femmes auteurs et beaux-esprits seraient de ce nombre : plongées dans les abîmes de la science ou transportées dans les célestes régions de la poésie, elles feraient peu de cas des futiles ornements de la toilette, et elles témoigneraient hautement de leur mépris pour ces choses de la terre, en renonçant même, les insensées, à l'irrésistible puissance du bas blanc.

Mais ce n'est pas nous qui avons inventé ce fameux nom que l'on donne assez mal à propos à toutes les femmes qui s'occupent un peu des choses de l'esprit : c'est en Angleterre qu'il paraît avoir pris naissance et avoir fait fortune. Le *bluestocking* existait avant le *bas-bleu*. On sait que lady Montague tenait cercle de beaux-esprits, et que toutes les célébrités littéraires qui passaient à Londres lui étaient présentées. Un illustre étranger refusa, dit-on, de se faire introduire aussitôt après son arrivée, en s'excusant sur ce qu'il était encore en habit de voyage, et lady Montague aurait dit à ce sujet qu'il n'était pas besoin de tant de cérémonies, qu'on pouvait se présenter chez elle même en *bas bleus*. Telle est la vieille explication qu'on a répétée jusqu'à ces derniers temps. — M. Philarète Chasles, le spirituel professeur au Collége de France, en a trouvé une autre où les rôles sont un peu changés. M. Chasles, pendant les quelques semaines qu'il a passées à Berlin, a beaucoup causé avec un baron allemand qui avait presque autant d'esprit que lui, et un jour que la conversation était tombée sur les femmes allemandes, ils se sont livrés au dialogue suivant :

M. CHASLES. — « Ainsi, vous n'avez pas de femmes auteurs ?

LE BARON. — « Si fait vraiment. L'éducation féminine est excellente chez nous, bien qu'un peu factice. On permet aux femmes d'écrire, et si elles ont du talent personne ne leur jette à la tête ce stupide mot de *bas-bleu*, tombé je ne sais d'où et que vous prodiguez ! D'où vient-il, par parenthèse, cet absurde sobriquet ?

M. CHASLES. — « De la mauvaise humeur d'A-lexandre Pope contre lady Montague. Elle repoussait les hommages du poëte qui n'était pas beau quoique fort amoureux. Congédié, il s'aperçut de deux choses : que les mains de sa cruelle n'étaient pas toujours soignées et qu'elle portait souvent des *bas bleus*. Il fit à son endroit ce petit distique :

> Mon adorée a l'art de charmer les humains ;
> Elle n'a pas celui de se laver les mains !

Puis il répandit le distique à droite et à gauche, et ne l'appela désormais que la dame aux *bas bleus*. Le monde adopta le sobriquet qui passa aux femmes auteurs. »

On a voulu faire remonter le *bas-bleu* à une société qui s'était formée à Venise en 1400 et qui exista jusqu'en 1590. Cette société, où l'on s'occupait beaucoup de littérature et plus encore de plaisirs, avait nom *Società della calza* (Société du bas) parce que l'usage était, quand on s'occupait de questions littéraires, de porter des *bas bleus*. On aurait bien dû nous dire aussi d'où venait cet usage, car on ne voit pas bien ce que la littérature a de commun avec des bas, même avec des bas bleus.

Le mot *bas-bleu* n'est pas ancien, et il est beaucoup plus probable qu'il ne date, dans la langue anglaise comme dans la nôtre, que de lady Montague. Seulement, ce qui paraît assez plausible, c'est que la belle lady ait rapporté de Venise où elle a vécu longtemps, l'habitude de *parler de bas bleus* (pour le cas de la première version), ou de *porter des bas bleus* (pour la version de M. Chasles).

**Chant du cygne.** — Si aux dons qui font de notre cygne le roi des oiseaux aquatiques, — grâce, beauté, force et courage, — le cygne des anciens ajoutait le charme d'une voix harmonieuse et mélancolique, on comprend qu'il ait été l'oiseau d'Apollon, cher à Vénus et le séducteur de Léda. C'est pour son chant surtout que le cygne était en honneur dans l'antiquité. Nous

avons accepté comme expression et comme symbole ce cygne tel qu'il nous a été transmis, tout
en sachant fort bien que le cygne ne chantait pas.
Nos poëtes ont parlé des oiseaux de Méandre
comme s'ils les avaient entendus; ils ont fait de
Pindare le cygne de Dircé, de Virgile le cygne
de Mantoue, de Fénelon le cygne de Cambrai.
Cette dernière comparaison est celle qui est le plus
d'accord avec nos idées modernes : ce n'est pas
le chant de Fénelon qu'on a caractérisé par cette
périphrase, c'est son âme, — blanche et pure autant que la robe du cygne. Comme le cygne, Fénelon avait tous « les titres qui fondent un empire
de paix, la grandeur, la majesté, la douceur. » Et
puis, le cygne n'a qu'un ennemi, et Fénelon
n'avait qu'un adversaire ; il était naturel qu'à
l'aigle de Meaux on opposât le cygne de Cambrai.

Ce que nous avons conservé surtout dans notre
langue poétique, c'est le *chant du cygne*, ce chant,
le plus mélodieux, le plus tendre de tous, qu'ex-
halait le cygne en mourant.

> Son âme tout entière en ses écrits respire ;
> Ses actions jamais n'ont démenti sa lyre ;
> Il se conserva pur au milieu des méchants.
> Tel l'oiseau de Méandre, ornement du rivage,
> Au noir limon des eaux dérobe son plumage,
> Et saluant la mort de sons mélodieux,
> D'une voix plus touchante exhale ses adieux.
>
> (Millevoye.)

Pline, et tous les savants après lui, ont crié à l'erreur, au mensonge ; ils ont dit sur tous les tons que le cygne n'était pas un oiseau chanteur, que sa voix était rauque et sourde ; mais on ne les a pas écoutés. Chanter ses derniers adieux, saluer la mort de ses accents les plus sublimes, cette pensée, personnifiée dans l'oiseau qui a toutes les grâces nobles et douces, est une belle fiction que la science ne pouvait arracher à la poésie.

Chantons, puisque mes doigts sont encor sur ma lyre ;
Chantons, puisque la mort, comme au cygne m'inspire,
Au bord d'un autre monde, un cri mélodieux.
C'est un présage heureux donné par mon génie :
Si notre âme n'est rien qu'amour et qu'harmonie,
    Qu'un chant divin soit ses adieux !

La lyre, en se brisant, jette un son plus sublime ;
La lampe qui s'éteint tout à coup se ranime,
Et d'un éclat plus pur brille avant d'expirer ;
Le cygne voit le ciel à son heure dernière :
L'homme seul, reportant ses regards en arrière,
    Compte ses jours pour les pleurer.

(Lamartine.)

Le *chant du cygne* a été très-durement traité par des amis quand même de la vérité. « Je ne sais, a dit l'un d'eux, sur quel fondement les poëtes, tant anciens que modernes, comparent l'harmonie métrique, ou le rhythme, avec le chant du cygne. Il n'y a certainement aucune analogie ;

le chant du cygne, loin d'être mélodieux, est fort désagréable, il est aigre et approchant du cri de l'oie.

Le cygne frappe l'air de ses rauques accents.
(Mollerant.)

« L'esprit de justesse qui règne aujourd'hui, et qui, bien défini, n'est que l'esprit philosophique, devrait exclure de la poésie toute comparaison qui blesse la vérité. »

Buffon, qui sait aussi que le cygne ne chante pas, est beaucoup moins sévère ; il fait en poëte et en grand écrivain la part des erreurs qui charment : « Les anciens, dit-il, ne s'étaient pas con-. tentés de faire du cygne un chantre merveilleux : seul entre tous les êtres qui frémissent à l'aspect de leur destruction, il chantait encore au moment de son agonie, et préludait par des sons harmonieux à son dernier soupir : c'était, disaient-ils, près d'expirer et faisant à la vie un adieu triste et tendre, que le cygne rendait ses accents si doux et si touchants, et qui, pareils à un léger et douloureux murmure, d'une voix basse, plaintive et lugubre, formaient son chant funèbre ; on entendait ce chant, lorsqu'au lever de l'aurore, les vents et les flots étaient calmés ; on avait même vu des cygnes expirants en musique et chantant leurs hymnes funéraires. Nulle fiction, en histoire naturelle, nulle fable chez les anciens n'a été plus célébrée, plus répétée, plus accréditée; elle s'était emparée de l'imagination vive et sensible des Grecs ; poëtes, orateurs, philosophes même, l'ont adoptée comme une vérité trop agréable pour vouloir en douter. Il faut bien leur pardonner leurs fables, elles étaient aimables et touchantes ; elles valaient bien de tristes, d'arides vérités : c'étaient de doux emblèmes pour les âmes sensibles. Les cygnes, sans doute, ne chantent point leur mort ; mais toujours, en parlant du dernier essor et des derniers élans d'un beau génie prêt à s'éteindre, on rappellera avec sentiment cette expression touchante : c'est le chant du cygne.

# TABLE ALPHABÉTIQUE.